Sonderdruck aus „Ziegler, Verwaltungsgesetze"

98. Wasserrecht.

a) Wassergesetz vom 23. März 1907.

(GVBl. S. 157.)[1])

Luitpold, von Gottes Gnaden Königlicher Prinz von Bayern, Regent usw.

Wir haben nach Vernehmung des Staatsrates mit Beirat und Zustimmung der Kammer der Reichsräte und der Kammer der Abgeordneten und in Ansehung des Art. 19, des Art. 28 Abs. 1 Satz 1, des Art. 47 Abs. 1 Ziff. 2, des Art. 60 Abs. 2 Satz 1, 2, des Art. 79 Abs. 3 Satz 1, des Art. 81 Abs. 2, des Art. 114, des Art. 153 Ziff. 1 bis 6, der Art. 155, 156, 158, des Art. 159 Abs. 4 und der Art. 160, 161 und 162 unter Beobachtung der in Titel X § 7 der Verfassungsurkunde vorgeschriebenen Formen beschlossen und verordnen was folgt:

Abteilung I.

Eigentumsverhältnisse in und an den Gewässern.

Abschnitt I.

Öffentliche Gewässer.

Begriff.

Art. 1. 1. Öffentliche Gewässer sind die Flüsse und Flußteile, welche zur Schiff- oder Floßfahrt dienen, sowie die Nebenarme solcher Flüsse, selbst wenn sie nicht zur Schiff- oder Floßfahrt dienen (öffentliche Flüsse), dann die vom Staate errichteten Kanäle, soweit sie durch die Staatsregierung der Schiff- oder Floßfahrt eröffnet sind.

2. Welche Seen und sonstige geschlossene Gewässer als öffentliche zu betrachten sind, bemißt sich nach den bestehenden Rechtsverhältnissen.

Eigentumsverhältnisse.

Art. 2. Die öffentlichen Gewässer stehen im Eigentume des Staates.

Öffentliche Flüsse.

Art. 3. Flüsse und Flußteile behalten mit ihren Nebenarmen die Eigenschaft öffentlicher Flüsse, wenn sie nicht mehr zur Schiff- oder Floßfahrt benützt werden.

Umwandlung öffentlicher Flüsse.

Art. 4. 1. Jeder Fluß und jeder Teil eines solchen kann, wenn er vom Staate oder von einem dritten zur Schiff- oder Floßfahrt eingerichtet wird, von der Staatsregierung zum öffentlichen Flusse erklärt werden. Die Eigenschaft als öffentlicher Fluß beginnt mit dem von der Staatsregierung bezeichneten Zeitpunkte.

---

[1]) Geändert durch Gesetz vom 30. Dezember 1922 (GVBl. 1923 S. 13) und vom 25. Juni 1926 (GVBl. S. 327). Hiezu außer der VO. vom 1. Dez. 1907 (s. unter Nr. b) noch die Vollz.-Bek. vom 3. Dezember 1907 (GVBl. S. 876 ff.) und die MB. vom 6. März 1923 (GVBl. S. 107). Geändert durch MB. vom 15. April 1924 (GVBl. S. 142) und vom 3. Juni 1924 (MABl. S. 99). Vgl. ferner ME. über den Vollzug des Art. 19 WG. vom 10. September 1910 (MABl. S. 589), ME. über den Vollzug des Wassergesetzes und des Berggesetzes vom 30. Juni 1922 (MABl. S. 198).

2. Ist zur Durchführung der Umwandlung die Abtretung eines Grundstücks oder die Belastung eines Grundstücks mit einer Dienstbarkeit erforderlich, so finden die Bestimmungen in den Artikeln 154 bis 156 Anwendung.

3. Für die Entziehung des Flußbetts kann eine Entschädigung nicht verlangt werden. Wird infolge der Umwandlung eines Flusses oder eines Flußteils in einen öffentlichen Fluß die bisherige Benützung des Wassers oder des Flußbetts oder eines Teiles desselben zum Nachteil eines Berechtigten aufgehoben oder beeinträchtigt, so kann dieser Entschädigung verlangen.

Ufer.

Art. 5. 1. Die Ufer der öffentlichen Flüsse gehören den Eigentümern der anliegenden Grundstücke.

2. Die Eigentümer haben das Begehen der Ufer durch das Aufsichtspersonal, das Einbauen von Fixpunkten und die Aufstellung von Flußeinteilungszeichen, das Landen und Befestigen der Schiffe und Flöße und in Notfällen die Aussetzung der Ladung während der erforderlichen Zeit zu dulden.

3. Für den durch das Einbauen von Fixpunkten und die Aufstellung von Flußeinteilungszeichen, durch das Landen und Befestigen der Schiffe und Flöße oder durch die Aussetzung der Ladung entstehenden Schaden kann Ersatz verlangt werden.

4. Die Eigentümer haben das Betreten der Ufer durch den Triebwerksbesitzer und ihr Hilfspersonal zu dulden, soweit es zur Aufrechterhaltung des ordnungsmäßigen Betriebs der Wasserbenützungsanlage erforderlich ist. Bei dem Betreten ist die zur Vermeidung von Beschädigungen erforderliche Vorsicht zu beobachten. Für den verursachten Schaden haftet der Triebwerksbesitzer neben dem Urheber des Schadens. Gebäude und die dazu gehörenden Höfe und Gärten sowie Grundstücke, die durch Mauern, Gitter oder andere ständige Einfriedungen abgeschlossen sind, dürfen nicht betreten werden.

Uferlinie.

Art. 6. Die Uferlinie der öffentlichen Flüsse wird durch die Verwaltungsbehörde nach dem mittleren Wasserstand unter besonderer Berücksichtigung der Grenze des Pflanzenwuchses festgesetzt und, wo es notwendig ist, auf angemessene Weise bezeichnet.

Leinpfad.

Art. 7. 1. Der Leinpfad ist an den öffentlichen Flüssen in der entsprechenden Richtung und Breite von den Eigentümern der am Ufer und erforderlichen Falls selbst der entfernter gelegenen Grundstücke zu dulden. Die näheren Bestimmungen über Richtung und Breite des Leinpfades hat die Verwaltungsbehörde zu treffen.

2. Vorbehaltlich bestehender Rechtsverhältnisse hat die Duldung des Leinpfades an den vorhandenen öffentlichen Flüssen unentgeltlich zu geschehen. In dem Falle des Art. 4 und in dem Falle, daß dem Flusse ein neues Bett gegeben wird, sind die Eigentümer für die Belastung der Ufergrundstücke mit dem Leinpfade zu entschädigen; für die zur Herstellung des Leinpfades etwa erforderliche Beseitigung von Gebäulichkeiten ist stets Entschädigung zu leisten.

3. Vorbehaltlich bestehender Rechtsverhältnisse obliegt die Herstellung des Leinpfades und dessen Erhaltung in brauchbarem Zustande dem Staate. Soweit ein öffentlicher Weg als Leinpfad benützt wird, erfolgt die Herstellung und Unterhaltung der für die Zwecke des Leinpfades erforderlichen besonderen Anlagen durch den Staat. Im übrigen hat der Staat zur Herstellung und Unterhaltung eines als Leinpfad benützten öffentlichen Weges nur insoweit beizutragen, als er ohne den Bestand des Weges Aufwendungen für die Erhaltung des Leinpfades zu machen hätte.

Verlandungen.

Art. 8. 1. Die Ausbreitung des Ufers durch allmähliches Anspülen von Bestandteilen anderer Grundstücke oder durch das Zurücktreten des Wassers wächst in öffentlichen Flüssen den Eigentümern der das Ufer bildenden Grundstücke zu, unbeschadet der Belastung durch den Leinpfad.

2. Eine solche Verlandung (Alluvion, Anschütte, Anlandung) wird als bestehend betrachtet, wenn das angesetzte Land mit dem bisherigen Ufer bei mittlerem Wasserstande zusammenhängt und sich darauf Pflanzenwuchs gebildet hat.

3. Die aus der Zeit vor dem Inkrafttreten des Gesetzes über die Benützung des Wassers vom 28. Mai 1852 noch bestehenden Rechte dritter auf solche Verlandungen können von den Eigentümern der Ufergrundstücke gegen Entschädigung abgelöst werden.

Art. 9. Eine bestehende Verlandung kann zur Förderung der Schiff- oder Floßfahrt oder für Zwecke der Instandhaltung der Gewässer (Art. 74) auf Anordnung der Verwaltungsbehörde weggeräumt oder durchstochen werden. Einen Ersatz des hierdurch entstehenden Schadens kann der Eigentümer der Verlandung nur verlangen, wenn er diese schon in regelmäßige Kultur gesetzt hat.

Art. 10. Verlandungen die sich infolge künstlicher zur Regulierung öffentlicher Flüsse oder zum Uferschutz unternommener Anlagen bilden, werden Eigentum der Unternehmer. Das gleiche gilt von den Verlandungen, die sich infolge von Durchstichen in dem alten Flußbette bilden.

Art. 11. 1. Die Staatsregierung ist ermächtigt, über die gemäß Art. 10 dem Staate erworbenen Verlandungen, soweit nicht ihre Beibehaltung als Staatseigentum für die Zwecke der Anlagen oder aus anderen Rücksichten des Gemeinwohls notwendig erscheint, zum Vorteile der geschädigten Grundeigentümer und sonstigen Berechtigten zu verfügen.

2. Die Zuteilung darf erst stattfinden, wenn die Verlandung zu festem Bestande gelangt ist. Bei der Zuteilung sind die zur Sicherung des Erfolges der Anlage erforderlichen Bestimmungen über die künftige Benützung der Verlandung zu treffen.

3. Mit der Verfügung der Staatsregierung geht das Eigentum an den Verlandungen auf diejenigen über, denen sie zugeteilt sind.

Natürliche Veränderung des Flußlaufes.

Art. 12. 1. Wenn infolge natürlicher Ereignisse ein öffentlicher Fluß sein Bett auf die Dauer verlassen und sich ein neues Bett oder einen Nebenarm geschaffen hat, so bleibt der Staat Eigentümer des verlassenen Bettes und wird Eigentümer des neuen Bettes oder Nebenarmes. Diejenigen Teile des neuen Bettes oder Nebenarmes, welche bisher mit dinglichen Rechten, insbesondere mit Hypotheken, Grundschulden und Rentenschulden belastet waren, werden von dieser Belastung frei.

2. Die Staatsregierung ist ermächtigt, das verlassene Bett vor allem zum Vorteile der Eigentümer der durch die Veränderung des Flußlaufs beschädigten Grundstücke zu verwenden. Die Bestimmung des Art. 11 Abs. III findet entsprechende Anwendung.

Inseln.

Art. 13. 1. Erderhöhungen, die sich außer Zusammenhang mit dem festen Lande in einem öffentlichen Flusse über den mittleren Wasserstand erheben (Inseln), sind in Ermangelung entgegenstehenden Herkommens oder besonderer Rechtsverhältnisse Eigentum des Staates.

2. Die Bestimmungen des Art. 11 finden entsprechende Anwendung.

3. Die Bestimmung des Abs. I findet keine Anwendung auf Stücke Land, die durch Wassergewalt (Durchbruch) vom Ufer getrennt worden sind.

Abriß.

Art. 14. 1. Wird ein erkennbares Stück Land durch die Gewalt des Wassers an ein fremdes Ufer versetzt, so wird es Eigentum des Ufereigentümers, wenn der bisherige Eigentümer oder ein sonstiger Berechtigter nicht binnen Jahresfrist entweder gegenüber der Verwaltungsbehörde, in deren Bezirke das Landstück angelegt worden ist, die Erklärung abgegeben hat, daß er sein Recht, das angelegte Landstück von dem Ufergrundstücke wegzunehmen, geltend mache, oder die Anerkennung seines Rechtes von dem Ufereigentümer erwirkt oder hierwegen

Klage erhoben hat. Die Frist beginnt mit dem Schlusse des Jahres, in welchem der Abriß erfolgt ist.

2. Unter der gleichen Voraussetzung wird das abgerissene Stück Land, das sich außer Zusammenhang mit einem Ufer im Flusse festgesetzt hat, Eigentum des Staates.

Ufer der Flußinseln.

Art. 15. Was in den vorhergehenden Artikeln über Flußufer bestimmt ist, findet auch Anwendung auf die Ufer der in einem öffentlichen Flusse liegenden Inseln.

Abschnitt II.

Privatgewässer.

Titel 1.

Geschlossene Gewässer.

Eigentumsverhältnisse.

Art. 16. 1. Soweit nicht andere Rechtsverhältnisse bestehen, erstreckt sich das Eigentumsrecht an einem Grundstück auf das Wasser, welches

1. auf dem Grundstück in Seen, Weihern (Teichen), Zisternen, Brunnen und anderen Behältern, in künstlich angelegten Wasserleitungen, Kanälen und Gräben sich befindet,
2. auf dem Grundstück unterirdisch vorhanden ist (Grundwasser),
3. darauf entspringt (Quelle) oder sich natürlich sammelt, solange es von dem Grundstücke nicht abgeflossen ist.

2. Hinsichtlich der Solquellen und der Grubenwässer finden die Bestimmungen des Berggesetzes Anwendung.

Beschränkungen in dem Verfügungsrecht über das Wasser.

Art. 17. 1. Der Eigentümer ist nicht befugt, dem auf seinem Grundstück entspringenden oder darauf sich natürlich sammelnden Wasser zum Abfluß auf fremdes Eigentum eine dieses belästigende andere Leitung, als wohin nach der Beschaffenheit des Bodens der natürliche Lauf geht, oder eine belästigende größere als die natürliche Stärke zu geben.

2. Der Eigentümer des niedriger liegenden Grundstücks ist nicht befugt, den natürlichen Abfluß des Wassers von dem höher liegenden Grundstücke zu dessen Nachteile zu hindern.

3. Der Eigentümer hat auf seinem Grundstücke die Wegräumung der Hindernisse und Veränderungen, die durch andere Personen oder durch Zufall entstanden sind und dem Abflusse des Wassers zum Nachteile des tiefer gelegenen Grundstücks eine andere Richtung oder eine größere Stärke geben oder die dem natürlichen Abflusse des Wassers auf das niedriger gelegene Grundstück zum Nachteile des höher gelegenen Grundstücks entgegenstehen, dem dadurch benachteiligten Grundstückseigentümer gegen Entschädigung zu gestatten.

4. Durch Begründung einer Dienstbarkeit können von obigen Bestimmungen abweichende Verhältnisse festgesetzt werden.

Art. 18. Erfordert es das Gemeinwohl, insbesondere für Anlagen und Bauten zu öffentlichen Zwecken, so kann von der Verwaltungsbehörde eine den Bestimmungen des Art. 17 widersprechende Zuleitung, Wegleitung oder Abwendung des Wassers angeordnet oder genehmigt werden. Auf die zur Ausführung der Anordnung erforderliche zwangsweise Abtretung oder Beschwerung eines Grundstückes finden die Vorschriften der Artikel 154 bis 156 Anwendung. Wird durch die Anordnung außerdem die bisherige Benützung des Wassers zum Nachteil eines Berechtigten aufgehoben oder beeinträchtigt, so kann dieser Entschädigung verlangen.

Beschränkungen der Zutageförderung oder Ableitung von Grund- und Quellwasser.

Art. 19. 1. Die Zutageförderung oder Ableitung von Grund- und Quellwasser sowie die Änderung am Abfluß eines Sees oder Weihers unterliegen der Erlaubnis der Verwaltungsbehörde. Die Erlaubnis ist nicht erforderlich für die Anlage von Brunnen, welche vorübergehenden Zwecken oder dem eigenen Haus- und Wirtschaftsbedarf einschließlich des Bedarfs für landwirtschaftliche Nebenbetriebe dienen.

2. Die Erlaubnis ist zu versagen oder an Bedingungen zu knüpfen, wenn und soweit Rücksichten des Gemeinwohls es erfordern.

3. Erleiden durch die in Abs. I bezeichneten Maßnahmen Beteiligte erheblichen Schaden, die als Besitzer von Wasserbenützungsanlagen oder als Grundeigentümer das Wasser seit mindestens dreißig Jahren selbst oder durch ihre Rechtsvorgänger ununterbrochen benützt oder unter den gleichen Voraussetzungen die Fischerei ausgeübt haben, so ist bei Erteilung der Erlaubnis in allen Fällen, auch wenn Rücksichten des Gemeinwohls nicht vorliegen, dem Gesuchsteller als Bedingung die angemessene Entschädigung der einzelnen Beteiligten aufzuerlegen, soweit nicht der Schaden durch andere Bedingungen abgewendet werden kann.

4. Wird in den Fällen des Abs. II und III als Bedingung die Gewährung einer Entschädigung auferlegt, so ist ihre Höhe nach billigem Ermessen der Verwaltungsbehörde unter Ausschluß des Rechtsweges festzusetzen. Die Verwaltungsbehörde kann den Vollzug der Erlaubnis davon abhängig machen, daß der Gesuchsteller für die Erfüllung seiner Entschädigungspflicht entsprechende Sicherheit leistet.

5. Privatrechtliche Ansprüche auf Fortdauer des bisherigen Zustandes werden durch die Erteilung der Erlaubnis nicht berührt.

Heilquellen.

Art. 20. 1. Die Vornahme von Grab- und Bohrarbeiten auf Grundstücken im Bereiche von öffentlich benützten Heilquellen einschließlich der Solquellen ist an die Erlaubnis der Verwaltungsbehörde gebunden. Vor der Erteilung der Erlaubnis ist der Eigentümer der Heilquelle mit seinen Erinnerungen zu hören.

2. Die Erlaubnis ist zu versagen oder nur unter Bedingungen oder Beschränkungen zu erteilen, wenn und soweit durch die Vornahme der Arbeiten eine Gefährdung des Bestandes oder der Beschaffenheit der Heilquelle zu besorgen ist.

3. Ergibt sich nach der Erteilung der Erlaubnis, daß durch die Arbeiten der Bestand oder die Beschaffenheit der Heilquelle beeinträchtigt wird, so kann die Verwaltungsbehörde auf Antrag des Eigentümers der Quelle die Einstellung der Arbeiten und die möglichste Wiederherstellung des früheren Zustandes verfügen. Der Eigentümer der Heilquelle hat in diesem Falle dem Unternehmer der Arbeiten die auf die Vornahme und die Einstellung der Arbeiten sowie auf die Wiederherstellung des früheren Zustandes erwachsenden Kosten zu ersetzen.

4. Die Bezeichnung der öffentlich benützten Heilquellen und ihres Bereichs erfolgt durch die Staatsregierung.

Titel 2.

Privatflüsse und Bäche.

Privatflüsse und Bäche im Eigentum der Ufereigentümer.

Art. 21. 1. Die Privatflüsse und Bäche sind, soweit nicht andere Rechtsverhältnisse bestehen (Art. 23, 24), Bestandteil der Grundstücke, zwischen denen sie hindurchfließen.

2. Gehören die Ufer verschiedenen Eigentümern, so wird die Eigentumsgrenze vorbehaltlich etwaiger anderweitiger Festsetzungen gebildet:

1. in Ansehung der gegenüberliegenden Ufergrundstücke durch eine durch die Mitte des Flusses nach Maßgabe des mittleren Wasserstandes zu ziehende Linie;
2. in Ansehung der anliegenden Ufergrundstücke durch eine von dem Endpunkte der Landgrenze rechtwinklig zu der in Ziff. 1 bezeichneten Mittellinie des Wasserlaufs zu ziehende Linie.

3. Die Bestimmungen des Art. 5 Abs. IV, der Art. 8, 9, des Art. 14 Abs. I und des Art. 15 finden auf diese Privatflüsse und Bäche entsprechende Anwendung.

4. Die Ufereigentümer haben das Begehen der Ufer durch das Flußaufsichtspersonal zu dulden.

Inseln.

Art. 22. 1. Inseln, die sich in Privatflüssen oder Bächen (Art. 21) erheben, gehören dem Eigentümer desjenigen Ufers, auf dessen Seite sich die Insel gebildet hat.

2. Reicht die Insel über die Mitte des Flusses, so wird die Eigentumsgrenze nach der Bestimmung in Art. 21 Abs. II gebildet.

3. Die Bestimmungen in Abs. I und II finden keine Anwendung auf Stücke Land, die durch Wassergewalt (Durchbruch) vom Ufer getrennt worden sind.

Privatflüsse und Bäche im Eigentum des Staates.

Art. 23. Auf die Privatflüsse und Bäche, die im Eigentum des Staates stehen, finden die Bestimmungen des Art. 5 Abs. I und IV, der Art. 6, 8 bis 15 und des Art. 21 Abs. IV entsprechende Anwendung.

Privatflüsse und Bäche im Eigentum Dritter.

Art. 24. Auf die Privatflüsse und Bäche, die im Eigentum dritter Personen stehen, finden die Bestimmungen des Art. 5 Abs. IV, der Art. 8, 9, des Art. 14 Abs. I, des Art. 15, des Art. 21 Abs. IV und des Art. 25 entsprechende Anwendung.

Natürliche Veränderung des Flußlaufs.

Art. 25. 1. Hat ein Privatfluß oder Bach (Art. 21, 24) sein bisherigen Bett verlassen, so sind die Beteiligten insgesamt oder einzeln befugt, den früheren Zustand auf ihre Kosten wieder herzustellen.

2. Die Befugnis zur Wiederherstellung erlischt, wenn sie nicht binnen Jahresfrist bei der Verwaltungsbehörde angemeldet oder wenn die angemeldete Wiederherstellung nicht binnen der von der Verwaltungsbehörde auf die Anmeldung bestimmten Frist ausgeführt wird. Die Frist zur Anmeldung beginnt mit dem Schlusse des Jahres, in welchem die Veränderung des Wasserlaufes erfolgt ist.

Abteilung II.

Benützung der Gewässer.

Abschnitt I.

Gemeingebrauch an Gewässern.

Gemeingebrauch an öffentlichen Gewässern und Privatflüssen.

Art. 26.[1a]) 1. In den öffentlichen Gewässern sowie in den Privatflüssen und Bächen ist der Gebrauch des Wassers durch Schöpfen mit Handgefäßen, zum Baden, Waschen, Tränken, Schwemmen, zum Befahren mit kleinen Fahrzeugen ohne eigene Triebkraft sowie zur Eisbahn, soweit es ohne rechtswidrige Benützung fremder Grundstücke geschehen kann, jedem gestattet. Die Ausübung dieses Gebrauches kann durch polizeiliche Vorschrift geregelt oder beschränkt werden.

2. Zur Entnahme von Eis, Sand, Kies, Steinen, Schlamm, Erde und Pflanzen aus dem Flußbett öffentlicher Gewässer sowie der im Eigentum des Staates stehenden Privatflüsse und Bäche, ferner zur Goldwäscherei in solchen ist vor-

---

[1a]) In der Fassung des Gesetzes vom 25. Juni 1926 (GVBl. S. 327).

behaltlich besonderer Berechtigungen die Erlaubnis der Verwaltungsbehörde erforderlich. In den übrigen Privatflüssen und Bächen ist hierzu vorbehaltlich besonderer Berechtigungen dritter nur der Eigentümer des Flußbettes befugt, soweit es ohne Nachteil für andere, besonders in Bezug auf die Tiefe des Flusses und die Sicherheit der Ufer geschehen kann.

3. Die Perlfischerei ist, soweit das Recht hierauf nicht dritten zusteht, dem Staate vorbehalten. Die Ausübung unterliegt den polizeilichen Schutzvorschriften.

Ausübung des Gemeingebrauchs.

Art. 27. Der Gemeingebrauch darf nur in der Weise ausgeübt werden, daß dadurch der Gemeingebrauch anderer oder die besonderen Rechte dritter nicht gefährdet oder ausgeschlossen werden.

Inanspruchnahme von Wasser in Notfällen.

Art. 28. 1. In Fällen gemeiner Gefahr ist die Entnahme von Wasser aus öffentlichen und Privatgewässern ohne Entschädigung zulässig. Für den hierbei an Grundstücken oder Anlagen entstehenden Schaden kann von der Gemeinde Ersatz verlangt werden.

2. Entsteht durch die Entnahme des Wassers ein unverhältnismäßiger Schaden, so ist dem Beschädigten insoweit Ersatz zu leisten, als die Billigkeit nach den Umständen eine Schadloshaltung erfordert

Abschnitt II.

Schiffahrt, Floßfahrt, Trift.

Titel 1.

Schiff- und Floßfahrt.

Schiff- und Floßfahrt.

Art. 29. 1. Die Benützung der öffentlichen Flüsse und staatlichen Kanäle (Art. 1 Abs. I) zur Schiff- und Floßfahrt steht vorbehaltlich der Bestimmungen der Staatsverträge und vorbehaltlich der näheren Regelung dieser Benützung durch Schiffahrts-, Floß- und Kanalordnungen jedem frei.

2. Auch für die Benützung der für die Schiff- und Floßfahrt eingerichteten Privatgewässer können Schiffahrts- und Floßordnungen erlassen werden.

3. Die Einlegung der Kette oder einer ähnlichen Vorrichtung in einen öffentlichen Fluß zum Schiffahrtsbetrieb unterliegt der Genehmigung der Staatsregierung.

Schiff- und Floßverkehr auf Seen.

Art. 30. 1. Die im Staatseigentum stehenden Seen dürfen mit Dampfschiffen oder sonstigen durch eigene Triebkraft bewegten Schiffen nur auf Grund besonderer Erlaubnis befahren werden. Das Befahren mit Schiffen ohne eigene Triebkraft und mit Flößen bemißt sich nach den bestehenden Rechtsverhältnissen. Die Benützung dieser Gewässer mit Schiffen und Flößen kann durch Schiffahrts- und Floßordnungen geregelt werden.

2. Die zur Erteilung der Erlaubnis zuständige Behörde wird durch Verordnung bestimmt.

3. Für die Schiffahrt auf dem Bodensee sind die internationalen Vereinbarungen und die hierzu erlassenen Vollzugsvorschriften maßgebend.

Titel 2.

Trift.

Art. 31. 1. Triftgewässer sind diejenigen Flüsse und Bäche, welche der Flößerei mit unverbundenem Holze (Trift) dienen.

2. Zur Trift können diejenigen Gewässer benützt werden, welche entweder bisher schon als Triftgewässer dienten oder von der Staatsregierung künftig als solche erklärt werden. In letzterer Beziehung finden die Bestimmungen des Art. 4 Abs. II, III entsprechende Anwendung.

Art. 32. 1. Wo nicht durch Lokalverordnungen, Herkommen oder besondere Rechtsverhältnisse ausschließende Rechte zur Benützung der Triftgewässer oder bestimmte Beschränkungen in der Ausübung der Trift bestehen, ist diese nach Maßgabe der Triftordnungen jedem gestattet.

2. Soweit nicht erworbene Rechte entgegenstehen, können für die Benützung der zur Trift dienenden Vorrichtungen Gebühren erhoben werden.

3. Diese Gebühren, sowie die Vergütung für den Stillstand der Triebwerke und für die dem Triftunternehmer bei Ausübung der Trift geleistete Beihilfe werden durch die Triftordnung festgesetzt.

4. Dem Beteiligten, der auf Grund besonderer Rechtsverhältnisse eine höhere Gebühr oder Vergütung, als in der Triftordnung festgesetzt ist, ansprechen zu können glaubt, steht der Rechtsweg gegen den die Trift Betreibenden offen.

Art. 33. Bei allen Triftgewässern sind die Ufereigentümer verpflichtet:

1. sich jeden Gebrauches des Wassers zu enthalten, der die Trift gefährdet oder hemmt,
2. die zur Beförderung des Triftholzes nötige Betretung des Ufers und den Triftpfad in der üblichen Breite, ferner das Anbringen von vorübergehenden Haltevorrichtungen (Verhängen), die sich bei Hochwassergefahr während der Trift als nötig erweisen, ohne Entschädigung zu dulden, wenn nicht ein Anspruch auf Entschädigung durch ein erworbenes Recht bereits begründet ist,
3. in Notfällen das Ausheben von Triftholz für die Zeit der Gefahr gegen entsprechende Vergütung des an dem Grundstücke verursachten Schadens zu gestatten.

Art. 34. Hat die Staatsregierung ein Gewässer zur Trift eingerichtet, so erfolgt die Unterhaltung dieser Einrichtung durch den Staat, solange die Trift ausgeübt wird. Die gleiche Verpflichtung obliegt denjenigen Privaten, welche Gewässer mit Bewilligung der Staatsregierung zur Trift eingerichtet haben.

Art. 35. 1. Für Beschädigungen, die den Ufereigentümern, den Besitzern von Triebwerken oder anderen Beteiligten durch die Ausübung der Trift unmittelbar verursacht werden, sind, soweit nicht erworbene Rechte entgegenstehen oder die Beschädigungen als eine natürliche Folge versäumter Unterhaltung der Ufer oder Triebwerke erscheinen, diejenigen ersatzpflichtig, welche die Trift ausüben.

2. Die für die Beschädigung von Uferschutzbauten gewährten Entschädigungen sind zur Wiederherstellung dieser Bauten zu verwenden. Jeder Beteiligte kann zur Sicherung dieser Verpflichtung die Hinterlegung der Entschädigung bei der Verwaltungsbehörde verlangen.

Art. 36. Wenn die Trift auf einem Triftgewässer aufgegeben wird, sind die bei dem Flusse Beteiligten berechtigt, die Wegräumung der zur Trift getroffenen, den freien Lauf des Wassers hindernden Einrichtungen auf Kosten des Staates oder desjenigen, welchem die Einrichtung der Trift bewilligt wurde, bei der Verwaltungsbehörde zu verlangen.

Abschnitt III.

Reinhaltung der Gewässer.

Zuführung von Flüssigkeiten.

Art. 37. 1. Öffentlichen Gewässern, Privatflüssen und Bächen sowie solchen geschlossenen Gewässern, an denen ein anderer mitberechtigt oder in denen ein anderer fischereiberechtigt ist, dürfen Flüssigkeiten oder andere nicht feste Stoffe, die eine schädliche Veränderung der Eigenschaften des Wassers zur Folge haben, nur mit Erlaubnis der Verwaltungsbehörde zugeführt werden. Die Erlaubnis ist auch erforderlich, wenn eine bereits genehmigte Zuführung bezüglich der Art oder Menge der zuzuführenden Flüssigkeit in einer für die Eigenschaften des Gewässers schädlichen Weise geändert wird.

2. Die Erlaubnis ist in widerruflicher Weise zu erteilen.

3. Die Erlaubnis ist zu versagen oder an einschränkende Bedingungen zu knüpfen, wenn und soweit durch die Zuführung gesundheitliche oder erhebliche wirtschaftliche Nachteile zu besorgen sind und wenn in letzterem Falle der von der Zuführung zu erwartende Vorteil von geringerer wirtschaftlicher Bedeutung ist als der durch die Zuführung entstehende Nachteil.

4. Der Unternehmer kann jederzeit von der Verwaltungsbehörde angehalten werden, diejenigen Einrichtungen zu treffen, welche erforderlich sind, um schädliche Einwirkungen der Zuführung auszuschließen oder möglichst einzuschränken, soweit die Einrichtungen mit dem ordnungsmäßigen Betriebe der Anlage vereinbar sind.

5. Der Unternehmer der Zuführung ist zum Ersatze des Schadens verpflichtet, der anderen an dem Wasser Berechtigten durch die Zuführung entsteht.

Einbringung fester Stoffe.

Art. 38. Die Einbringung von festen Stoffen, welche die Eigenschaften des Wassers in schädlicher Weise verändern oder auf den Wasserabfluß und Wasserstand nachteilig einwirken, insbesondere das Einwerfen von Schutt, Unrat, Tierleichen sowie das Einlegen von Flachs und Hanf in Gewässer der in Art. 37 Abs. I bezeichneten Art ist verboten. Ausnahmen können von der Verwaltungsbehörde in widerruflicher Weise zugelassen werden.

Anwendung auf sonstige geschlossene Gewässer.

Art. 39. Die in den Artikeln 37, 38 bezeichneten Handlungen können auch bei solchen geschlossenen Gewässern, die nicht zu den in Art. 37 Abs. I genannten gehören, durch die Verwaltungsbehörde insoweit untersagt werden, als es das Gemeinwohl erfordert.

Anwendung auf bestehende Anlagen.

Art. 40. 1. Aus Gründen des Gemeinwohls kann dem Besitzer einer bei dem Inkrafttreten dieses Gesetzes bestehenden Anlage, durch deren Betrieb die Eigenschaften eines öffentlichen oder eines Privatgewässers in schädlicher Weise verändert werden (Art. 37 bis 39), die Befugnis zur Zuführung von Flüssigkeiten oder anderen nicht festen Stoffen oder von festen Stoffen, die eine solche Veränderung bewirken, durch die Verwaltungsbehörde entzogen oder beschränkt werden.

2. Entsteht durch einen solchen Betrieb ein erheblicher Schaden für dritte, denen Rechte an dem Gewässer zustehen, so kann auf Antrag der Geschädigten oder eines von ihnen der Unternehmer durch die Verwaltungsbehörde angehalten werden, Einrichtungen zu treffen, welche die schädliche Einwirkung der Zuführung von Flüssigkeiten oder anderen nicht festen Stoffen oder von festen Stoffen ausschließen oder möglichst einschränken, soweit die Einrichtungen mit dem ordnungsmäßigen Betriebe der Anlage vereinbar sind. Handelt es sich um eine den bestehenden Rechtsverhältnissen entsprechende Anlage, so hat der Antragsteller dem Unternehmer die Kosten der Einrichtung zu ersetzen. Etwaige Schadensersatzansprüche dritter bleiben unberührt.

Aufsicht.

Art. 41. Die Reinhaltung der Gewässer, insbesondere die Erfüllung der an die Erlaubnis zur Zuführung von Flüssigkeiten oder anderen nicht festen Stoffen oder von festen Stoffen geknüpften Bedingungen unterliegt der ständigen Beaufsichtigung durch die Verwaltungsbehörden.

Abschnitt IV.

Besondere Nutzungen.

A. Besondere Nutzungen ausschließlich der Stauanlagen.

a) An öffentlichen Gewässern.

Erlaubnis.

Art. 42. Jede Art von Wasserbenützung, die sich nicht als Gemeingebrauch darstellt oder die mittels einer besonderen Anlage in oder an öffentlichen

Gewässern erfolgt, insbesondere die Errichtung von Triebwerken ohne gespannte Wasserkraft, Wasser-Aus- und -Einleitungen, Schöpfwerken, Bade- oder Waschhäusern u. dergl. und die Abänderung solcher Anlagen unterliegt der Erlaubnis der Verwaltungsbehörde.

Art. 43. 1. Die Erlaubnis wird von der Verwaltungsbehörde und zwar in der Regel auf eine bestimmte Zeit oder in widerruflicher Weise erteilt. Die Behörde bestimmt das Maß und die Art der Benützung.

2. Die Verwaltungsbehörde ist hierbei insbesondere befugt, dem Unternehmer weitere Bedingungen im Interesse der Land- und Forstwirtschaft, der Landeskultur und der Fischerei sowie der Industrie und des Gewerbebetriebes aufzulegen, ferner bei dem Zusammentreffen mehrerer Unternehmungen vom Standpunkte des Gemeinwohls die Wahl zu treffen, endlich die Erlaubnis auf gewisse Betriebszwecke oder auf bestimmte Unternehmer einzuschränken.

3. Eine auf Grund unwiderruflicher Erlaubnis eingeräumte Nutzung kann nur im Wege der Zwangsenteignung nach Maßgabe der Bestimmungen der Artikel 154 bis 156 entzogen oder geschmälert werden. Das Gleiche gilt, wenn eine auf eine bestimmte Zeit eingeräumte Nutzung vor Ablauf der Zeit entzogen oder geschmälert wird.

4. Die zeitweise Entziehung oder Schmälerung der Wasserbenützung hat der Berechtigte vorbehaltlich des Art. 82 gegen Entschädigung zu gestatten. Entgegenstehende Rechtsverhältnisse bleiben unberührt.

b) An Privatflüssen und Bächen.

1. Im Eigentum der Ufereigentümer (Art. 21).

Umfang der Nutzungen.

Art. 44. Der Ufereigentümer darf das Wasser nur mit Rücksicht auf die Rechte der übrigen Ufereigentümer und der sonstigen Wasserberechtigten und unter den nachfolgenden Bestimmungen benützen.

Art. 45. 1. Sofern nicht Lokalverordnungen, Herkommen oder besondere Rechtsverhältnisse eine Ausnahme begründen, darf jeder Ufereigentümer das an seinem Grundstücke vorüberfließende Wasser nur so benützen,

1. daß keine einem anderen schädliche Stauung und keine Überschwemmung, Versumpfung, schädliche Austrocknung oder sonstige Beschädigung fremder Grundstücke und Anlagen verursacht wird und daß nicht zum Nachteil anderer eine nutzlose Verschwendung oder eine willkürlich ungleichmäßige Ausnutzung des Wassers stattfindet,
2. daß dem Wasser, soweit es durch die Benützung nicht verbraucht ist, der Abfluß in das eigentliche Bett des Flusses gegeben wird, bevor dieser das Ufer eines fremden Grundstücks berührt.

2. Zu einer Abweichung von vorstehenden Bestimmungen kann von der Verwaltungsbehörde die Ermächtigung erteilt werden, im Falle der Ziff. 1 dann, wenn der Nutzen der Anlage den zu befürchtenden Schaden erheblich überwiegt und Entschädigung gewährt wird, im Falle der Ziff. 2 dann, wenn durch die Ableitung des Wassers anderen Beteiligten kein Nachteil zugeht oder bei Eintreten des Schadens Ersatz geleistet wird.

3. Sind die Eigentümer mehrerer aneinandergrenzenden Ufergrundstücke über eine Anlage oder Wasserbenützung einverstanden, so werden diese Grundstücke bei Anwendung der vorstehenden Beschränkungen als ein einziges Grundstück betrachtet.

4. Gehören die gegenüberliegenden Ufer verschiedenen Eigentümern, so hat jeder das Recht zur gleichheitlichen Benützung des Wassers.

2. Im Staatseigentum (Art. 23).

Art. 46. Die Benützung der im Staatseigentum befindlichen Privatflüsse und Bäche (Art. 23) durch andere bemißt sich nach Art. 42 und 43.

3. Im Eigentum dritter (Art. 24).

Art. 47. Sofern nicht Lokalverordnungen, Herkommen oder besondere Rechtsverhältnisse eine Ausnahme begründen, darf der Eigentümer eines Privatflusses oder Baches (Art. 24) dessen Wasser nur so benützen,

1. daß keine einem anderen schädliche Stauung und keine Überschwemmung, Versumpfung, schädliche Austrocknung oder sonstige Beschädigung fremder Grundstücke und Anlagen verursacht wird und daß nicht zum Nachteil anderer eine nutzlose Verschwendung oder eine willkürlich ungleichmäßige Ausnützung des Wassers stattfindet,
2. daß dem Wasser nicht eine andere Richtung gegeben wird, als wohin der bisherige Lauf geht. Ist jedoch der Eigentümer eines Privatflusses oder Baches zugleich Eigentümer eines Ufergrundstücks oder überläßt er die Benützung des Wassers einem Ufereigentümer, so findet die Bestimmung des Art. 45 Abs. I Ziff. 2 Anwendung.

Die Bestimmung des Art. 45 Abs. II findet Anwendung.

4. Aufsicht.

Art. 48. 1. Die Benützung aller Privatflüsse und Bäche unterliegt der ständigen Beaufsichtigung durch die Verwaltungsbehörden; diese können aus Gründen des Gemeinwohls, namentlich aus gesundheitspolizeilichen Rücksichten, zur Verhütung von Überschwemmungen oder Versumpfungen, zur Offenhaltung des Verkehrs usf., allgemeine und besondere Anordungen erlassen.

2. Vor der Herstellung oder Abänderung bleibender Anlagen an oder in Privatflüssen und Bächen hat der Wasserberechtigte Anzeige an die Verwaltungsbehörde zu erstatten. Diese hat zu untersuchen, ob die beabsichtigte Anlage nicht den in Abs. I bezeichneten Anordnungen und Rücksichten zuwiderläuft.

Art. 49. Wenn durch eine erlaubte Wasserbenützung einer Ortschaft der für die häuslichen oder wirtschaftlichen Bedürfnisse ihrer Bewohner oder für die Feuersicherheit unentbehrliche Wasserbedarf entzogen würde, kann die Verwaltungsbehörde die Wasserbenützung in geeigneter Weise beschränken.

B. Stauanlagen.

Genehmigung.

Art. 50. Die vorgängige Genehmigung der Verwaltungsbehörde ist erforderlich

1. zur Errichtung von Stauanlagen oder Triebwerken mit gespannter Wasserkraft an öffentlichen Gewässern oder Privatflüssen und Bächen, auch abgesehen von den Fällen des § 16 der Gewerbeordnung;
2. für Änderungen an solchen Anlagen, wenn die Änderung auf den Verbrauch des Wassers, die Wassermenge, die Art des Verbrauchs, das Gefälle oder die Höhe des Oberwassers Einfluß hat;
3. zu jeder Abänderung oder Auswechslung von Hauptteilen bestehender Stau- und Triebwerksanlagen, selbst wenn dadurch die in Ziff. 2 bezeichneten Wirkungen nicht verursacht werden.

Art. 51. 1. Bei Anlagen an öffentlichen Gewässern und an den im Staatseigentum stehenden Privatflüssen und Bächen hat die Verwaltungsbehörde in dem Bescheide, der auf das Gesuch um Erteilung der Genehmigung zu erlassen ist, gesonderten Ausspruch darüber zu treffen, ob

1. nach Maßgabe der Bestimmungen in Art. 43 Abs. I, II und in Art. 46 die Erlaubnis zur Wasserbenützung, dann
2. gemäß § 18 Satz 1 bis 3 und § 19 der Gewerbeordnung die Genehmigung der Stauanlage

erteilt, von Bedingungen abhängig gemacht oder versagt wird.

2. Bezüglich der Anlagen an den übrigen Privatflüssen und Bächen hat die Verwaltungsbehörde zu prüfen, ob mit Rücksicht auf die Bestimmungen der Art. 44, 45 und des Art. 47 dieses Gesetzes, dann des § 18 Satz 1 bis 3 und des

§ 19 der Gewerbeordnung oder aus sonstigen Gründen des Gemeinwohls die Genehmigung zu versagen oder nur unter Bedingungen zu erteilen ist.

Beseitigung.

Art. 52. Die Beseitigung von Stauanlagen oder Triebwerken mit gespannter Wasserkraft ist nur mit Erlaubnis der Verwaltungsbehörde zulässig. Die Erlaubnis darf nur im Interesse des Gemeinwohls und nur insolange versagt werden, bis die zur Wahrung dieser Interessen erforderlichen Vorkehrungen (Art. 60 Abs. 2) getroffen sind.

Höhenmaß.

Art. 53. 1. Bei jeder Stauanlage und bei jedem Triebwerke mit gespannter Wasserkraft ist nach Anordnung der Verwaltungsbehörde auf Kosten des Unternehmers ein bleibendes Höhenmaß (Eichmarke, Eichpfahl, Pegel) aufzustellen, das auf eine in die Augen fallende Weise die festgesetzte Wasserhöhe und zwar, sofern der Wasserstand auf einer bestimmten Mindesthöhe erhalten werden muß, auch letztere zu bezeichnen hat.

2. Das gleiche gilt bei den bereits bestehenden Anlagen.

3. Das Verfahren bei Aufstellung dieser Höhenmaße und deren Beschaffenheit wird durch Ministerialvorschrift bestimmt; darin sind auch jene Fälle zu bezeichnen, in denen von der Aufstellung Umgang genommen werden kann.

Art. 54. Nach Ausführung der Anlagen und Aufstellung des Höhenmaßes hat die Verwaltungsbehörde eine Ortsbesichtigung unter Zuziehung der Beteiligten und eines Sachverständigen anzuordnen.

Art. 55. Jeder Besitzer einer Stauanlage ist für den Fall, daß und solange der Wasserstand über die festgesetzte Höhe steigt oder zu steigen droht, ohne Anspruch auf Entschädigung verpflichtet, durch Öffnung der Schleusen und der sonstigen zur Senkung des Wasserspiegels bestehenden Vorrichtungen sowie durch Beseitigung von Hindernissen des Wasserablaufs (Treibzeug, Eis, Geschiebe u. dergl.) für die Abführung des Wassers zu sorgen.

Art. 56. Die Vorschriften der §§ 26, 51 der Gewerbeordnung finden auf die nicht gewerblichen Anlagen der im Art. 50 bezeichneten Art Anwendung.

Geschlossene Gewässer.

Art. 57. Die Vorschriften der Art. 50 bis 56 finden auf Stauanlagen und Triebwerke mit gespannter Wasserkraft an geschlossenen Gewässern entsprechende Anwendung.

Art. 58. 1. Die Erlaubnis zur Wasserbenützung für Stauanlagen oder Triebwerke mit gespannter Wasserkraft an öffentlichen Gewässern und an den im Staatseigentum stehenden Privatflüssen und Bächen kann nur nach Maßgabe des Art. 43 Abs. III, IV dauernd oder zeitweise entzogen oder geschmälert werden.

2. Die Vorschriften des Art. 48 Abs. I und des Art. 49 finden auf Stauanlagen und Triebwerke mit gespannter Wasserkraft an Privatflüssen und Bächen entsprechende Anwendung.

C. Gemeinschaftliche Bestimmungen.

Unterhaltungspflicht.

Art. 59. Der Unternehmer ist verpflichtet, die Wasserbenützungsanlage, solange sie benützt wird, nach Maßgabe der erteilten Erlaubnis oder Genehmigung zu erhalten.

Art. 60. 1. Wird die Wasserbenützungsanlage nicht mehr benützt, so kann der Unternehmer aus Gründen des Gemeinwohls von der Verwaltungsbehörde angehalten werden, auf seine Kosten die Anlage zu beseitigen und den Zustand wiederherzustellen, der vor ihrer Errichtung bestanden hat. Bei Mittellosigkeit des Unternehmers haben der Staat, die Gemeinde oder die Ortschaft, in deren Interesse die Beseitigung der Anlage und die Wiederherstellung des früheren Zustandes erfolgt, für die Kosten aufzukommen. Der Staat, die Gemeinde oder die Ortschaft sind befugt, die Beteiligten, die von der Beseitigung der Anlage und der Wiederherstellung des früheren Zustandes einen Vorteil haben, zu den Kosten nach Maßgabe dieser Vorteile heranzuziehen.

2. Ist die Forterhaltung einer Wasserbenützungsanlage, die nicht mehr benützt wird, aus Gründen des Gemeinwohls erforderlich, so sind der Staat oder die Gemeinde oder die Ortschaft, in deren Interesse die Forterhaltung der Anlage liegt, verpflichtet, für die fernere Unterhaltung zu sorgen und zu diesem Zwecke berechtigt, von dem Unternehmer die Überlassung der Anlage, soweit notwendig, zu verlangen. Hierbei finden hinsichtlich der Zwangsenteignung die Art. 154 bis 156 Anwendung. Die Bestimmung des Abs. I Satz 3 findet entsprechende Anwendung.

Erlöschen der Erlaubnis oder Genehmigung.

Art. 61. Auf die Ausführungsfrist sowie auf das Erlöschen der Erlaubnis oder Genehmigung für sämtliche Wasserbenützungsanlagen finden die Bestimmungen der §§ 49, 50 der Gewerbeordnung Anwendung.

Art. 62. 1. Die auf bestimmte Zeit oder in widerruflicher Weise erteilte Erlaubnis oder Genehmigung erlischt mit dem Ablaufe der Zeit oder dem Widerrufe (Art. 43 Abs. I, Art. 51 Abs. I).

2. Der Widerruf ist erst nach Ablauf einer angemessenen Frist in Vollzug zu setzen, wenn nicht überwiegende Nachteile und Gefahren für das Gemeinwohl den sofortigen Vollzug erfordern.

Art. 63. Im übrigen bleibt die erteilte Erlaubnis oder Genehmigung auch abgesehen von den Fällen des § 25 der Gewerbeordnung in der Regel solange in Kraft, als keine wesentliche Änderung in der Lage oder Beschaffenheit der Anlage vorgenommen wird.

Art. 64. Ist die erteilte Erlaubnis oder Genehmigung erloschen, so findet Art. 60 Abs. I entsprechende Anwendung.

D. Ausgleichsverfahren bei Nutzungen an Privatflüssen und Bächen.

Art. 65. Wenn wegen Verminderung der Wassermenge oder aus anderen Gründen das vorhandene Wasser für die Bedürfnisse der Berechtigten nicht zureicht und für diese Fälle nicht durch Lokalverordnungen, Herkommen oder besondere Rechtsverhältnisse Vorsorge getroffen ist, hat die Verwaltungsbehörde auf Antrag eines Beteiligten die Benützung des Wassers mit möglichster Berücksichtigung der bestehenden Rechtsverhälnisse im Ausgleichsverfahren zu regeln.

Art. 66. 1. Insbesondere hat die Verwaltungsbehörde zu untersuchen, ob nicht seitens eines Berechtigten eine nutzlose Wasserverschwendung oder eine willkürlich ungleichmäßige Ausnützung des Wassers zum Nachteil anderer Beteiligter stattfindet.

2. Ist dies bei Stau- und Triebwerksanlagen, Bewässerungs- und sonstigen Wasserbenützungsanlagen der Fall, so sind die Besitzer anzuhalten, ihre Betriebseinrichtungen in der erforderlichen Weise zu ändern und zu unterhalten.

Art. 67. 1. Zur Erzielung eines entsprechenden Ausgleiches kann ferner das einzelnen Berechtigten gehörende Wasser oder ein Teil desselben zeitweise in Anspruch genommen werden, sofern diesen kein erheblicher Nachteil erwächst und den übrigen Beteiligten ein bedeutender Vorteil verschafft wird.

2. Hierbei hat die Verwaltungsbehörde die Zeiten und die Wassermengen für die Benützung festzusetzen.

Art. 68. Zur Herbeiführung eines Ausgleiches ist die Verwaltungsbehörde erforderlichenfalls auch befugt, ohne Rücksicht auf die Bestimmung des Art. 45 Abs. I Ziff. 2 die Regulierung, Abänderung, den Umbau oder die Neuherstellung einer Bewässerungsanlage anzuordnen, sofern den Wässerungsberechtigten kein erheblicher Nachteil erwächst und anderen Beteiligten ein bedeutender Vorteil verschafft wird.

Art. 69. In den Fällen der Art. 65 bis 68 ist denjenigen, deren Rechte durch die im Ausgleichsverfahren getroffenen Anordnungen beeinträchtigt werden, der ihnen daraus entstehende Schaden insoweit zu ersetzen, als er nicht durch den sich aus der Anordnung ergebenden Vorteil aufgewogen wird.

Art. 70. Die Verwaltungsbehörde ist auch befugt, im Ausgleichsverfahren die Zuweisung fremden Wassers (Art. 157), den Anschluß einer Anlage an das gegenüberliegende Ufergrundstück (Art. 158), die Mitbenützung einer bestehenden Anlage (Art. 159, 162), die Benützung fremder Grundstücke zur ober- oder unterirdischen Zu- oder Ableitung des Wassers (Art. 160) und die Abänderung einer vorhandenen Anlage (Art. 163, 164) zu verfügen. Der Art. 69 findet entsprechende Anwendung.

Art. 71. 1. Die im Ausgleichsverfahren erwachsenen Kosten sind von den Beteiligten nach Maßgabe der ihnen durch das Ausgleichsverfahren zugehenden Vorteile zu tragen.

2. Das gleiche gilt von den nach Art. 69 zu leistenden Entschädigungen.

Art. 72. Bei Entscheidung der Frage, ob und bis zu welchem Betrage das Wasser einem Nutzungsberechtigten entbehrlich sei, muß auf die kleinsten Wassermengen und bei Triebwerken auf eine entsprechende Wasserreserve Bedacht genommen werden.

Abschnitt V.

Gebühren.

Art. 73. 1. Außer den durch die Schiffahrts-, Floß-, Kanal- und Triftordnungen zugelassenen Gebühren (Art. 29, 32) können auch für die Gewährung besonderer Nutzungen an öffentlichen Gewässern und den im Eigentum des Staates stehenden Privatflüssen und Bächen (Art. 42, 46, 51 Abs. I), für die Einleitung von Flüssigkeiten in solche (Art. 37) sowie für die Entnahme der in Art. 26 Abs. II Satz 1 aufgeführten Gegenstände Gebühren zur Staatskasse erhoben werden.

2. Die näheren Bestimmungen hierüber werden durch Ministerialvorschrift getroffen.

Abteilung III.

Instandhaltung der Gewässer.

A. Allgemeine Bestimmungen für die öffentlichen Gewässer und für die Privatflüsse und Bäche.

Verpflichtungen.

Art. 74. 1. Die Instandhaltung der Gewässer ist, soweit sie nicht durch den Staat oder die Kreisgemeinde erfolgt, eine öffentlich-rechtliche Verpflichtung; sie umfaßt die Erhaltung des ordnungsmäßigen Zustandes der Gewässer (Reinigung und Räumung des Flußschlauches, Freihaltung, Schutz und Unterhaltung der Ufer) und, soweit das Gemeinwohl es erfordert, die Ausführung und Unterhaltung von Flußregulierungen, Dammbauten und Wildbachverbauungen.

2. Der Kreis der Beteiligten sowie der Umfang der einzelnen Verpflichtung bemißt sich nach den Bestimmungen dieser Abteilung.

3. Etwaige auf Privatrechtstiteln beruhende Verpflichtungen zur Instandhaltung der Gewässer werden durch die Bestimmungen der Abs. I, II nicht berührt.

Normalprofil. Normallinien.

Art. 75. Zum Zwecke der Instandhaltung der Gewässer kann die Verwaltungsbehörde für bestimmte Gewässer das Normalprofil für Nieder-, Mittel- und Hochwasser, und soweit ein Bedürfnis besteht, auch die dazu gehörigen Normallinien festsetzen.

Überschwemmungsgebiet.

Art. 76. 1. Die Verwaltungsbehörde hat für alle öffentlichen Flüsse und für die Privatflüsse und Bäche mit erheblicher Hochwassergefahr (Art. 97), ferner, soweit ein Bedürfnis besteht, auch für sonstige Privatflüsse und Bäche die Grenzen des Überschwemmungsgebiets festzusetzen.

2. Innerhalb dieser Grenzen dürfen ohne Erlaubnis der Verwaltungsbehörde von Privaten, Genossenschaften und Gemeinden, ausschließlich der Kreisgemeinden, weder Anlagen und Bauten errichtet, noch Änderungen daran vorgenommen werden, die auf den Lauf des Wassers oder auf die Höhe des Wasserstandes Einfluß haben können.

Erfordernis einer Erlaubnis.

Art. 77. Zu allen Uferschutz-, Regulierungs- und Dammbauten, die von Privaten, Genossenschaften und Gemeinden, ausschließlich der Kreisgemeinden, ausgeführt werden, und zu Änderungen solcher Bauten ist, auch abgesehen von den Fällen des Art. 76 Abs. II, die vorgängige Erlaubnis der Verwaltungsbehörde erforderlich.

Art. 78. 1. Brücken, feststehende Stege und Überfahrtsanstalten über öffentliche Gewässer, über Privatflüsse und Bäche im Eigentum des Staates (Art. 23) und über Privatflüsse und Bäche mit erheblicher Hochwassergefahr (Art. 97), ferner Überführungen (Wasser-, Gas-, Drahtleitungen etc.) Über- und Unterführungen durch öffentliche Gewässer sowie Privatflüsse und Bäche mit erheblicher Hochwassergefahr dürfen, soweit diese Unternehmungen nicht durch Staatsbehörden zur Ausführung gelangen, nur mit Erlaubnis der Verwaltungsbehörde errichtet oder abgeändert werden.

2. Auch für sonstige Privatflüsse und Bäche oder Teile von solchen kann die Verwaltungsbehörde anordnen, daß die Errichtung oder Abänderung von Brücken, feststehenden Stegen und Überfahrtsanstalten, soweit diese Unternehmungen nicht durch Staatsbehörden zur Ausführung gelangen, der in Abs. I vorgeschriebenen Erlaubnis bedarf.

Art. 79. 1. Bei der Erteilung der Erlaubnis (Art. 76 bis 78) sind die erforderlichen Bedingungen festzusetzen; die Erlaubnis kann auf eine bestimmte Zeit oder in widerruflicher Weise erteilt werden.

2. Nach Ablauf der festgesetzten Zeit und im Falle des Widerrufes kann die Verwaltungsbehörde aus Gründen des Gemeinwohls die Wiederherstellung des früheren Zustandes auf Kosten des Besitzers der Anlage anordnen.

3. Die gleiche Anordnung kann aus Gründen des Gemeinwohls erfolgen, wenn die Erlaubnis in unwiderruflicher Weise erteilt worden ist. Der Besitzer der Anlage kann von dem Staate, der Gemeinde oder der Ortschaft, in deren Interesse die Anordnung erfolgt ist, Entschädigung verlangen. Die Bestimmung des Art. 60 Abs. I Satz 3 findet entsprechende Anwendung.

Besondere Pflichten der Ufereigentümer und Triebwerksbesitzer.

Art. 80. 1. Die Ufereigentümer sind verpflichtet, ohne Entschädigung die zum Schutze ihres Eigentums sowie zur Erhaltung des ordnungsmäßigen Zustandes des Gewässers (Reinigung, Räumung des Flußschlauches, Freihaltung, Schutz und Unterhaltung der Ufer) erforderlichen Arbeiten und Bauten an und auf ihrem Grundeigentum vornehmen zu lassen und zu diesem Zwecke das Betreten der Ufergrundstücke sowie deren vorübergehende Benützung zur Zufuhr, Ablagerung und Bereitung von Materialien und zur vorläufigen Ablagerung des Aushubs zu dulden. Der Aushub wird Eigentum des Unternehmers der Instandhaltungsmaßnahmen. Zur Wegführung des Aushubs vom Ufergrundstück hat auf Antrag eines Beteiligten die Verwaltungsbehörde eine angemessene Frist zu bestimmen.

2. Die Ufereigentümer haben außer dem Falle des Abs. I gegen Entschädigung das Betreten sowie die vorübergehende Benützung ihrer Ufer zur Zufuhr, Ablagerung oder Bereitung von Materialien bei der Ausführung von Flußregulierungen, Dammbauten und Wildbachverbauungen zu dulden.

3. Die Ufereigentümer haben die zu den in Abs. I, II erwähnten Bauten erforderlichen, auf ihren Ufergrundstücken und im Flußbette vorhandenen Materialien an Sand, Lehm, Erde, Rasen, Holz, Faschinen, Steinen, Kies u. dergl. gegen Entschädigung abzulassen.

Art. 81. 1. Ist zum Zwecke der Herstellung des Normalprofils (Art. 75) die Beseitigung von Inseln oder die Beseitigung von Verlandungen, Ausbuchtungen u. dergl. an Ufergrundstücken und Inseln notwendig, so sind die Ufereigentümer verpflichtet, die erforderlichen Maßnahmen zu dulden.

2. Haben die Eigentümer die Flächen schon in regelmäßige Kultur gesetzt, so findet, sofern es sich um die Beseitigung von Inseln oder die Beseitigung von Ausbuchtungen u. dergl. handelt, die Zwangsenteignung nach Maßgabe der Bestimmungen der Art. 154 bis 156, sofern es sich um die Beseitigung von Verlandungen handelt, die Bestimmung des Art. 9 Satz 2 Anwendung.

Art. 82. Die Besitzer von Wasserbenützungsanlagen sind verpflichtet, eine zeitweise Einschränkung oder Einstellung des Betriebs aus Anlaß von Instandhaltungsarbeiten (Art. 74) ohne Entschädigung zu dulden. Für den Schaden, der durch eine länger dauernde Einschränkung oder Einstellung entsteht, kann Ersatz verlangt werden. Entgegenstehende besondere Rechtsverhältnisse bleiben unberührt.

Art. 83. 1. Den Besitzern der in Art. 78 bezeichneten Anlagen steht kein Einspruchsrecht gegen Flußregulierungs- und Dammbauten zu.

2. Etwaige auf besonderen Rechtstiteln beruhende Entschädigungsansprüche bleiben vorbehalten.

Verpflichtung der Eigentümer an Straßen, Eisenbahnen.

Art. 84. Die zur Unterhaltung der an den Ufern hinziehenden Straßen und Eisenbahnen Verpflichteten, ferner die Eigentümer von Anlagen, die einem Triebwerk oder einem Bewässerungs- oder Entwässerungsunternehmen dienen, haben die zur Sicherung der Straßen, Eisenbahnen und Anlagen erforderlichen Uferschutzvorkehrungen herzustellen und zu unterhalten.

Freihaltung des Wasserlaufs und Sicherung der Ufer.

Art. 85. 1. Die Verwaltungsbehörde ist befugt, soweit für bestimmte Flüsse die Grenzen des Überschwemmungsgebietes festgesetzt sind (Art. 76), innerhalb dieser Grenzen die Freihaltung des Wasserlaufs von Hindernissen (Bäumen, Sträuchern, Ablagerungen, Auffüllungen, Zäunen und ähnlichen Hindernissen) sowie die Auffüllung von Vertiefungen anzuordnen. Die Verpflichtung hierzu obliegt den Eigentümern der Grundstücke.

2. Auf Hochwasserdämmen ist das Anpflanzen von Bäumen und Sträuchern sowie die Anbringung von Zäunen und Einfriedungen nur mit Erlaubnis der Verwaltungsbehörde gestattet.

Art. 86. Die Ufereigentümer und bei dem im Eigentum dritter stehenden Privatflüssen und Bächen die Eigentümer des Flußbetts, sind verpflichtet, sich aller Handlungen in der Nähe der Ufer zu enthalten, welche die Sicherheit und den Schutz der Ufer zu gefährden geeignet sind.

Art. 87. Zur Verhütung der Beschädigung von Uferschutz-, Regulierungs- und Dammbauten, dann von Wildbachverbauungen können polizeiliche Vorschriften und Anordnungen erlassen werden.

Kreis der Beteiligten.

Art. 88. In denjenigen Fällen, in welchen das Gesetz die Beteiligten zur Instandhaltung oder zur Mitwirkung an der Instandhaltung für verpflichtet erklärt, sind darunter zu verstehen:

a) bei Dammbauten bei allen öffentlichen Gewässern und Privatflüssen und Bächen die Eigentümer derjenigen Grundstücke und Anlagen, welche durch diese Bauten vor Überschwemmung, Versumpfung oder Übermurung geschützt werden (Anlieger, Hinterlieger),

b) hinsichtlich der übrigen Instandhaltungsmaßnahmen bei allen Privatflüssen und Bächen

1. die Eigentümer derjenigen Grundstücke und Anlagen, welche durch die Instandhaltung des Flusses vor Abbruch, Versumpfung, Überschwemmung oder Übermurung geschützt werden (Anlieger, Hinterlieger).

ferner die Besitzer von Triebwerken und anderen Wasserbenützungsanlagen sowie von Brücken, Überfahrtsanstalten, Trifteinrichtungen, Wasser-Ein- und Ausleitungen,

2. die Eigentümer des Flußbetts.

Verteilung des Aufwands.

Art. 89. Soweit nicht die den einzelnen Beteiligten obliegenden Beitragsleistungen in anderer Weise rechtlich festgesetzt sind, erfolgt die Verteilung des für die Instandhaltung erforderlichen Aufwandes unter die Beteiligten durch die Verwaltungsbehörde nach Verhältnis des Nutzens, den sie aus den einzelnen Instandhaltungsmaßnahmen ziehen, und des Umfangs des Schadens, der durch diese Maßnahmen abgewendet wird, ferner unter Berücksichtigung des besonderen Einflusses, den eine Anlage auf die Instandhaltung des Gewässers oder Flusses ausübt. Die von der Verwaltungsbehörde festgesetzten Beiträge sind von den Gemeinden nach den Vorschriften über die Beitreibung von Gemeindeumlagen einzuziehen.

Zuschüsse.

Art. 90. 1. Für die Gewährung von Zuschüssen aus Staats- und Kreismitteln sowie für die Bemessung der einzelnen Zuschüsse ist außer der budgetmäßigen Willigung im allgemeinen die Bedeutung des Unternehmens für das Gemeinwohl, die Dringlichkeit des Unternehmens und die Bedürftigkeit der Beteiligten maßgebend.

2. Von dem genehmigten Zuschusse kann ein angemessener Betrag ausgeschieden werden, dessen Zinsen zur Unterhaltung der Anlage zu verwenden sind. Der für die Unterhaltung der Anlage nicht erforderliche Zinsenbetrag ist anzusammeln. In Notfällen kann zur gänzlichen oder teilweisen Wiederherstellung der Anlage der Grundstock des zur Unterhaltung bestimmten Betrages gegen Rückersatz verwendet werden.

B. Besondere Bestimmungen.

a) Öffentliche Gewässer.

Reinigung, Räumung, Freihaltung der Ufer.

Art. 91. Die Reinigung und Räumung des Flußschlauchs sowie die Freihaltung der Ufer, letztere vorbehaltlich der Bestimmung in Art. 85 Abs. I, erfolgt auf Kosten des Staates.

Uferschutz.

Art. 92. Der Schutz und die Unterhaltung der Ufer ist vorbehaltlich des Art. 84 Kreislast.

Flußregulierungen.

Art. 93. Die Herstellung und Unterhaltung von Flußregulierungen erfolgt auf Kosten des Staates. Dienen sie zugleich dem Uferschutze, so sind die Kreisgemeinden nicht verpflichtet, hierzu Beiträge zu leisten. Anderseits leistet auch der Staat keine Beiträge für Uferschutzanlagen, die zugleich dem Zwecke der Flußregulierung dienen.

Hochwasserdammbauten.

Art. 94. 1. Die Herstellung und Unterhaltung von Hochwasserdämmen erfolgt durch den Staat. Dieser ist jedoch berechtigt, die Beteiligten (Art. 88 lit. a) zu den Kosten mit höchstens fünfzig Prozent des Gesamtaufwandes heranzuziehen.

2. Sofern zur Herstellung und zur Unterhaltung bestehender Hochwasserdämme bisher Gemeinden, Ortschaften, Genossenschaften oder Private verpflichtet waren, hat es hierbei sein Verbleiben. Die Gewährung freiwilliger Zuschüsse aus Staats- und Kreismitteln bleibt jedoch auch in diesem Falle vorbehalten.

3. Durch vorstehende Bestimmungen werden die hinsichtlich der Rheindammbauten bestehenden Verhältnisse nicht berührt.

Vollzug.

Art. 95. Die Ausführung und Überwachung der zur Instandhaltung erforderlichen Maßnahmen obliegt den Behörden der Staatsbauverwaltung.

Staatliche Kanäle.

Art. 96. Die Instandhaltung der staatlichen Kanäle (Art. 1 Abs. I) erfolgt durch den Staat.

b) Privatflüsse und Bäche mit erheblicher Hochwassergefahr.

Feststellung.

Art. 97. Die Staatsregierung hat diejenigen Privatflüsse und Bäche festzustellen, bei welchen eine erhebliche Hochwassergefahr besteht. Die Landräte sind vor der Feststellung zu hören.

Verpflichtungen.

Art. 98. 1. Die Instandhaltung dieser Flüsse und Bäche (Art. 74) ist vorbehaltlich der Vorschriften des Art. 84 und des Art. 85 Abs. I Kreislast.

2. Zu dem für die Instandhaltung dieser Flüsse erwachsenden Aufwande wird der Staat an die Kreisgemeinde nach Maßgabe der jeweiligen budgetmäßigen Mittel freiwillige Zuschüsse leisten.

3. Die Kreisgemeinde ist befugt, die Beteiligten (Art. 88) zu den Kosten mit höchstens fünfundzwanzig Prozent des Gesamtaufwandes heranzuziehen.

Aufsicht.

Art. 99. Die Beaufsichtigung dieser Privatflüsse und Bäche obliegt den Staatsbaubehörden; durch diese werden die erforderlichen baulichen Maßnahmen vorbereitet und zur Ausführung gebracht.

c) Sonstige Privatflüsse und Bäche.

Verpflichtungen.

Art. 100. Zur Instandhaltung (Art. 74) sind die Beteiligten (Art. 88) vorbehaltlich der Bestimmungen des Art. 84 und des Art. 85 Abs. I verpflichtet.

Zuschüsse.

Art. 101. 1. Der Staat wird zur Instandhaltung nach Maßgabe der jeweiligen budgetmäßigen Mittel freiwillige Zuschüsse gewähren.

2. Die Gewährung von Zuschüssen an die Beteiligten für solche Zwecke aus Kreismitteln bildet eine Kreislast.

3. Den Beteiligten stehen diejenigen Gemeinden, Ortschaften und Genossenschaften gleich, welche Instandhaltungsmaßnahmen freiwillig oder auf Grund eines besonderen Privatrechtstitels (Art. 74 Abs. III) übernommen haben.

Genossenschaften.

Art. 102. Die Beteiligten sind befugt, für die Zwecke der Instandhaltung öffentliche Genossenschaften zu bilden. Für die Errichtung und die sonstigen Rechtsverhältnisse der letzteren sind die Bestimmungen der Abteilung V maßgebend.

Art. 103. Machen die Beteiligten von dieser Befugnis keinen Gebrauch, so können sie zu einer Zwangsgenossenschaft (Art. 112 Abs. III) vereinigt werden.

Verpflichtung der Gemeinden.

Art. 104. 1. Sofern Genossenschaften nicht gebildet sind und die Beteiligten ihrer Instandhaltungspflicht nicht selbst in der entsprechenden Weise Genüge leisten, ist die Gemeinde für die innerhalb ihrer Markung gelegene Flußstrecke befugt und auf Anordnung der Verwaltungsbehörde verpflichtet, die jeweils erforderlichen Instandhaltungsmaßnahmen auszuführen.

2. Die hierauf erwachsenden Kosten sind von der Gemeinde gegen Rückersatz seitens der Beteiligten (Art. 88, 89) vorzuschießen.

Aufsicht.

Art. 105. 1. Die Instandhaltung unterliegt der ständigen Beaufsichtigung durch die Verwaltungsbehörden.

2. Soweit der Staat oder die Kreisgemeinde Zuschüsse gewähren, ist die Staatsregierung befugt, die Instandhaltungsmaßnahmen an Stelle der Beteiligten selbst auszuführen oder mit der Leitung der Ausführung ihre technischen Organe zu betrauen.

Art. 106. Wenn ein Unternehmen für das Gemeinwohl Bedeutung hat und die Bedürftigkeit der Beteiligten (Art. 88) nachgewiesen ist, kann die Staatsregierung die Kosten für die Aufstellung eines Projekts auf die Staatskasse übernehmen.

d) Geschlossene Gewässer.

Art. 107. 1. Die Verwaltungsbehörde kann aus Rücksichten des Gemeinwohls den Eigentümer von geschlossenen Gewässern zu deren Instandhaltung und, wenn sie als solche zu bestehen aufhören, zur Herstellung eines dem Gemeinwohl entsprechenden Zustandes zwangsweise anhalten. Erfordert das Gemeinwohl die Wiederherstellung des geschlossenen Gewässers in seinem früheren Zustande, so kann der Eigentümer vom Staate, von der Gemeinde oder der Ortschaft, in deren Interesse die Anordnung erfolgt ist, Entschädigung verlangen.

2. Die Eigentümer der an solche geschlossene Gewässer angrenzenden Grundstücke sind verpflichtet, an und auf diesen Grundstücken Arbeiten und bauliche Maßnahmen zur Durchführung der nach Abs. I zulässigen Anordnungen gegen Entschädigung vornehmen zu lassen.

C. Vorkehrungen gegen außerordentliche Wassergefahr.

Verpflichtungen der Gemeinde.

Art. 108. 1. Werden zur Abwendung von Wassergefahr augenblickliche Vorkehrungen notwendig, so sind die benachbarten Gemeinden zur Unterstützung der bedrohten mit Hand- und Spanndiensten verpflichtet.

2. Zur Ausführung der erforderlichen Maßnahmen haben die Gemeinden außerdem im Bedarfsfalle Arbeiter, Materialien, Werkzeuge und Gerätschaften zur Verfügung zu stellen.

3. Gemeinden, welche Überschwemmungen ausgesetzt sind, haben für Einrichtung eines entsprechenden Hilfsdienstes bei Wassergefahr Sorge zu tragen und die hierfür erforderlichen Hilfsmittel (Abs. II) bereitzuhalten.

Abteilung IV.

Fischerei.

Art. 109. 1. Vor der Erteilung der Erlaubnis oder Genehmigung zu Anlagen für die Wasserbenützung an öffentlichen und Privatgewässern, zur Zuführung von Flüssigkeiten oder anderen nicht festen Stoffen oder von festen Stoffen in solche Gewässer, sowie zu Regulierungsbauten (Art. 77) sind die Fischereiberechtigten zu hören. Bei der Erteilung der Erlaubnis oder Genehmigung sind die Interessen der Fischereiberechtigten möglichst zu berücksichtigen.

2. Wird durch die Wasserbenützungsanlage, die Zuführung oder den Regulierungsbau das Fischereirecht beeinträchtigt, so hat der Unternehmer dem Berechtigten den daraus entstehenden Schaden zu ersetzen. Die gleiche Verpflichtung trifft den Staat und die Kreisgemeinde als Unternehmer von Regulierungsbauten.

Abteilung V.

Öffentliche Wassergenossenschaften.

A. Allgemeine Bestimmungen.

Zwecke.

Art. 110. Öffentliche Wassergenossenschaften können gebildet werden:
1. zur Benützung von Gewässern, insbesondere zur Herstellung und Unterhaltung von Bewässerungs- und Entwässerungsanlagen, Stau- und Triebwerksanlagen, Sammelbecken;
2. zur Instandhaltung von Gewässern (Reinigung und Räumung der Gewässer, Freihaltung, Schutz und Unterhaltung der Ufer, Ausführung und Unterhaltung von Flußregulierungen, Dammbauten, Wildbachverbauungen);
3. zur Herstellung und Unterhaltung von Trink- und Nutzwasserleitungen.

Entstehung.

Art. 111. Die Bildung von Genossenschaften erfolgt:
1. durch freiwillige Vereinbarung der Beteiligten (freiwillige Genossenschaften);
2. durch Mehrheitsbeschluß der Beteiligten mit zwangsweiser Beiziehung der Minderheit (Genossenschaften mit Beitrittszwang);
3. durch Verfügung der zuständigen Kreisregierung, Kammer des Innern (Zwangsgenossenschaften).

Allgemeine Voraussetzungen.

Art. 112. 1. Die Bildung einer Genossenschaft (Art. 110) ist nur zulässig, wenn bei dem Unternehmen ein Interesse des Gemeinwohls oder doch ein gemeinschaftlicher Nutzen obwaltet.

2. Die Bildung von Genossenschaften mit Beitragszwang (Art. 111 Ziff. 2) setzt außerdem voraus, daß das Unternehmen in wirtschaftlich oder technisch zweckmäßiger Weise nur durch Ausdehnung auf die Grundstücke der Widerstrebenden ausgeführt werden kann und der voraussichtliche Nutzen des Unternehmens den zu erwartenden Schaden überwiegt.

3. Die Bildung einer Zwangsgenossenschaft für die Instandhaltung der Gewässer (Art. 103) ist an die Voraussetzung geknüpft, daß die Durchführung des Unternehmens aus Gründen des Gemeinwohls, insbesondere zur Verhinderung von Uferabbrüchen, Abwendung von Überschwemmungen und zur Verhütung und Beseitigung von Versumpfungen und Vermurungen dringend geboten ist.

Mitgliedschaft.

Art. 113. 1. Zur Bildung einer Genossenschaft sind mindestens drei Personen erforderlich.

2. Mitglieder der Genossenschaft (Genossen) sind die jeweiligen Eigentümer der in die Genossenschaft einbezogenen Grundstücke und Anlagen.

Art. 114. 1. Bei den im Fideikommißverbande stehenden Grundstücken und Anlagen dürfen die Oberlandesgerichte die Genehmigung zum Beitritt zur Genossenschaft dann nicht verweigern, wenn der Nutzen des Unternehmens für die Grundstücke und die Anlagen nachgewiesen ist. In diesem Falle ist die Vernehmung der Anwärter nicht erforderlich.

2. Zum Beitritt zur Genossenschaft bedarf der Vater oder die Mutter als Inhaber der elterlichen Gewalt sowie ein Vormund oder ein Pfleger nicht der Genehmigung des Vormundschaftsgerichts oder des Familienrats, ein Nachlaßpfleger nicht der Genehmigung des Nachlaßgerichts, der gesetzliche Vertreter einer Körperschaft, Stiftung oder Anstalt des öffentlichen Rechtes oder einer unter der Verwaltung einer öffentlichen Behörde stehenden Stiftung nicht der Genehmigung der vorgesetzten Behörde.

Rechtsfähigkeit.

Art. 115. 1. Die Genossenschaft als solche hat selbständig ihre Rechte und ihre Pflichten, sie kann Eigentum und andere dingliche Rechte an Grundstücken erwerben, vor Gericht klagen und verklagt werden.

2. Für die Verbindlichkeiten der Genossenschaft haftet den Gläubigern ausschließlich das Genossenschaftsvermögen; die Genossen sind nur zu den satzungsmäßigen Beiträgen verpflichtet.

Sitz.

Art. 116. Die Genossenschaft muß ihren Sitz im Königreiche Bayern haben.

Satzung.

Art. 117. 1 Die Rechtsverhältnisse der Genossenschaft und der Genossen werden, soweit nicht dieses Gesetz hierüber Bestimmungen enthält, durch die Genossenschaftssatzung geregelt.

2. Die Satzung muß insbesondere Bestimmungen enthalten über:

1. den Namen und Sitz der Genossenschaft;
2. den Zweck des Unternehmens unter Bezeichnung der beabsichtigten wichtigeren baulichen Anlagen;
3. die Rechte und Pflichten der Genossen, namentlich hinsichtlich des Maßstabs der Teilnahme an den Vorteilen und Lasten der Genossenschaft und an der Verwaltung der Genossenschaftsangelegenheiten;
4. die Zusammensetzung, die Wahl und den Wirkungskreis des Vorstandes und seines Vorsitzenden sowie über die Aufstellung der übrigen Genossenschaftsorgane;
5. die Berufung, Zusammensetzung und Zuständigkeit der Genossenschaftsversammlung, die Form, Gültigkeit und Bekanntgabe ihrer Beschlüsse;
6. die Bildung eines Schiedsgerichts in Genossenschaftsangelegenheiten und die Bezeichnung von Streitigkeiten, die seiner Entscheidung unterliegen;
7. das Rechnungswesen der Genossenschaft (Aufstellung der Voranschläge, Rechnungsstellung und Rechnungsprüfung);
8. die Voraussetzung für Änderungen der Satzung;
9. die Form der Bekanntmachungen und die hiefür zu wählenden öffentlichen Blätter.

Genehmigung der Satzung.

Art. 118. 1. Die Satzung und alle Änderungen der Satzung unterliegen der Genehmigung der Kreisregierung, Kammer des Innern, in deren Bezirk die Genossenschaft ihren Sitz hat.

2. Mit der Genehmigung der Satzung erlangt die Genossenschaft Rechtsfähigkeit. Die genehmigte Satzung ist auch für die zwangsweise Beigezogenen rechtsverbindlich.

Vorstand.

Art. 119. 1. Die Genossenschaft muß einen Vorstand haben. Der Vorstand kann aus mehreren Mitgliedern bestehen. Die Genossenschaft wird in allen Angelegenheiten nach Maßgabe der Satzung durch den Vorstand oder seinen Vorsitzenden vertreten. Der Vorstand oder Vorsitzende hat ein Verzeichnis der in das Genossenschaftsunternehmen einbezogenen Grundstücke und Anlagen (Genossenschaftskataster) herzustellen und richtig zu erhalten sowie für die Aufbewahrung von Abschriften der Pläne und Beschreibungen des Unternehmens Sorge zu tragen.

2. Der Vorstand hat seine Bestellung und jede Änderung in seiner Zusammensetzung der Aufsichtsbehörde (Art. 132) binnen einer Woche anzuzeigen.

3. Ist eine Willenserklärung der Genossenschaft gegenüber abzugeben, so genügt die Abgabe gegenüber einem Mitgliede des Vorstandes.

Art. 120. Vorstandsmitglieder können auch Personen sein, welche nicht Genossen sind.

Art. 121. 1. Der Vorstand kann die in Ausübung seiner Befugnisse gegen einzelne Genossen erlassenen Anordnungen auf Kosten der Ungehorsamen ausführen lassen oder deren Ausführung durch Androhung und Einziehung von

Ordnungsstrafen bis zu fünfzig Mark[2]) erzwingen. Gegen die Anordnungen des Vorstandes und gegen die Androhung oder Festsetzung von Ordnungsstrafen durch ihn findet binnen vierzehn Tagen Beschwerde zur Aufsichtsbehörde statt. Durch die Einlegung der Beschwerde wird der Vollzug der Anordnungen nicht gehemmt.

2. Die Ordnungsstrafen fließen in die Genossenschaftskasse.

Art. 122. 1. Jedes Mitglied des Vorstandes haftet der Genossenschaft für den aus einer Pflichtverletzung entstehenden Schaden, wenn ihm ein Verschulden zur Last fällt. Sind für den Schaden mehrere verantwortlich, so haften sie als Gesamtschuldner.

2. Die Ansprüche auf Grund der vorstehenden Bestimmungen verjähren in fünf Jahren.

Art. 123. Der Vorstand hat die Genossenschaftsversammlung einzuberufen, wenn die satzungsmäßige Mindestzahl von Genossen die Einberufung unter Angabe des Zweckes beantragt.

Beitragspflicht.

Art. 124. 1. Die Beitragspflicht zu den Ausgaben der Genossenschaft ist öffentliche Last der bei dem Unternehmen beteiligten Grundstücke und Anlagen; sie erlischt mit dem Ausscheiden oder Untergang des Grundstücks oder der Anlage.

2. Bei Teilungen des Grundstücks ist die Beitragspflicht auf alle Trennstücke verhältnismäßig zu verteilen.

Art. 125. Der Eigentümer eines zur Genossenschaft gehörenden Grundstücks oder einer Anlage haftet für die während der Dauer seines Eigentums fällig werdenden Leistungen auch persönlich.

Rückständige Leistungen

Art. 126. Die Einziehung rückständiger Leistungen zur Genossenschaftskasse erfolgt durch die einschlägigen Gemeinden nach den Vorschriften über die Beitreibung der Gemeindeumlagen.

Auflösung.

Art. 127. 1. Die Genossenschaftsversammlung kann die Auflösung der Genossenschaft beschließen.

2. Zur Gültigkeit des Beschlusses ist die Zustimmung von drei Vierteilen der Genossen sowie die Genehmigung der Aufsichtsbehörde (Art. 132) erforderlich.

3. Nichtabstimmende werden den Nichtzustimmenden gleichgeachtet.

Liquidation.

Art. 128. 1. Nach Auflösung der Genossenschaft hat die Liquidation stattzufinden. Sie erfolgt durch den Vorstand, wenn sie nicht durch die Satzung oder durch Beschluß der Genossenschaftsversammlung anderen Personen übertragen worden ist.

2. Der Vorstand hat die Bestellung der Liquidatoren und ihren Namen binnen zwei Wochen der Aufsichtsbehörde anzuzeigen.

Art. 129. 1. Die Liquidatoren haben die rechtliche Stellung des Genossenschaftsvorstandes.

2. Sind mehrere Liquidatoren bestellt, so ist für ihre Beschlüsse, soweit nicht bei ihrer Aufstellung ein anderes bestimmt worden ist, Einstimmigkeit erforderlich.

3. Im übrigen finden auf die Liquidatoren der Genossenschaft die Vorschriften der §§ 49 bis 53 des Bürgerlichen Gesetzbuchs entsprechende Anwendung.

Art. 130. Die Liquidatoren haben sofort nach Beendigung des Liquidationsgeschäftes der Aufsichtsbehörde Anzeige zu erstatten und ihr die Bücher und Schriften der aufgelösten Genossenschaft auszuhändigen.

Art. 131. Mit der Beendigung des Liquidationsgeschäftes erlischt die Beitragspflicht zu den Ausgaben der Genossenschaft.

---

[2]) Jetzt 1—1000 RM gemäß Art. II und VIII der VO. v. 6. Februar 1924 (RGBl. I S. 44) über Vermögensstrafen und Bußen und § 2 der zweiten VO. zur Durchführung des Münzgesetzes v. 12. Dez. 1924 (RGBl. I S. 775).

Staatsaufsicht.

Art. 132. 1. Die Genossenschaften unterliegen der Aufsicht des Staates. Die Aufsicht erstreckt sich auf die Überwachung der planmäßigen Ausführung und Unterhaltung der Genossenschaftsanlagen, auf die Überwachung und Prüfung des Rechnungswesens sowie darauf, daß die Angelegenheiten der Genossenschaft in Übereinstimmung mit dem Gesetz und der Satzung verwaltet werden.

2. Aufsichtsbehörde ist diejenige Distriktsverwaltungsbehörde, in deren Bezirke die Genossenschaft ihren Sitz hat.

Art. 133. 1. Die Aufsichtsbehörde ist in Anwendung ihrer Aufsichtsbefugnisse (Art. 132) berechtigt, gegen die Mitglieder des Vorstandes Ordnungsstrafen bis zum Betrage von fünfzig Mark*) zu verhängen, bei Ablehnung des Antrages nach Art. 123 und in sonstigen dringlichen Fällen an Stelle des Vorstandes die Einberufung einer Genossenschaftsversammlung anzuordnen, soweit und solange die erforderlichen Genossenschaftsorgane fehlen, zur Wahrnehmung der Obliegenheiten der Genossenschaft auf deren Kosten Beauftragte zu bestellen, ferner die erforderlichen Maßnahmen zur Erfüllung des Genossenschaftszwecks an Stelle und auf Kosten der Genossenschaft zu verfügen.

2. Die Ordnungsstrafen fließen in die Genossenschaftskasse.

Art. 134. Die Genossenschaften bleiben auch während des Liquidationsverfahrens bis zu dessen Beendigung der Staatsaufsicht unterworfen.

Zwangsgenossenschaft.

Art. 135. Die Bildung der Zwangsgenossenschaft (Art. 112 Abs. III) erfolgt durch Anordnung der zuständigen Kreisregierung, Kammer des Innern; letztere hat gleichzeitig die Genossenschaftssatzung zu erlassen. Mit der Erlassung der Satzung erlangt die Genossenschaft die Rechtsfähigkeit. Nach Bildung der Zwangsgenossenschaft finden die Bestimmungen dieser Abteilung entsprechende Anwendung.

B. Besondere Bestimmungen.

a) Genossenschaften zur Benützung von Gewässern.
(Art. 110 Ziff. 1.)

Kreis der Genossen.

Art. 136. 1. Die Genossenschaft wird gebildet aus den Eigentümern derjenigen Grundstücke, auf welche sich das Genossenschaftsunternehmen hinsichtlich seiner nutzbringenden Wirkungen erstreckt.

2. Eigentümer anderer Grundstücke können nicht zwangsweise zur Genossenschaft beigezogen werden.

Nachträgliche Aufnahme.

Art. 137. 1. Die Genossenschaft ist verpflichtet, Eigentümer benachbarter Grundstücke auf ihren Antrag in die Genossenschaft aufzunehmen, wenn diesen Grundstücken erweislich wesentliche Vorteile aus dem Genossenschaftsunternehmen zugehen und den bisherigen Genossen Nachteile aus dem Beitritt nicht erwachsen.

2. Die Genossenschaft ist berechtigt, von den Eigentümern der neuhinzugekommenen Grundstücke einen angemessenen Anteil an den bisherigen Aufwendungen für das Unternehmen sowie die vorgängige Entrichtung der ihr durch den Anschluß erwachsenden besonderen Kosten zu verlangen.

Ausscheiden von Grundstücken.

Art. 138. 1. Die Genossenschaft ist verpflichtet, Genossen auf ihren Antrag das Ausscheiden aus der Genossenschaft mit ihrem Grundstück zu gestatten, wenn das Grundstück aus dem Unternehmen ohne Verschulden des Eigentümers erweislich keinen Vorteil oder durch eine andere Anlage einen größeren Vorteil zieht oder durch das Unternehmen Schaden erleidet und der Austritt die Erfüllung des Genossenschaftszwecks nicht wesentlich beeinträchtigt.

2. Ist der Austritt ausgeschlossen, weil durch ihn die Erfüllung des Genossenschaftszwecks wesentlich beeinträchtigt würde, so kann der Eigentümer des

Grundstücks von der Genossenschaft verlangen, daß sie das Grundstück gegen Entschädigung übernimmt.

3. Zwangsweise beigezogene Genossen haben in den Fällen des Abs. I und II Anspruch auf Rückersatz der bezahlten Beiträge und auf Ersatz des erlittenen Schadens aus der Genossenschaftskasse. Der Rückersatz der bezahlten Beiträge unterbleibt für die Zeit, während welcher der Genosse aus dem Unternehmen einen Vorteil gezogen hat.

Art. 139. 1. Ist im Interesse der Gesamtanlage das Ausscheiden eines Grundstücks aus der Genossenschaft notwendig, so kann es von der Genossenschaftsversammlung beschlossen werden.

2. Der Beschluß der Genossenschaftsversammlung unterliegt der Genehmigung der Aufsichtsbehörde.

3. Dem Eigentümer des ausscheidenden Grundstücks ist von der Genossenschaft Entschädigung für den durch das Ausscheiden des Grundstücks erwachsenden Vermögensnachteil zu leisten.

Mehrheitsbeschluß. (Art. 111 Ziff. 2.)

Art. 140. Ein Mehrheitsbeschluß im Sinne des Art. 111 Ziff. 2 liegt vor:

a) bei Be- und Entwässerungsunternehmungen, wenn die Zustimmenden mehr als die Hälfte der beteiligten Grundfläche besitzen und wenn mindestens ein Fünfteil der Beteiligten sich für das Unternehmen erklärt;

b) bei anderen Wasserbenützungsanlagen, wenn mehr als die Hälfte der Beteiligten sich für das Unternehmen erklärt haben und den Zustimmenden der größere Teil des durch das Unternehmen zu erzielenden Nutzens voraussichtlich zufließt.

Art. 141. 1. Bei Berechnung der Mehrheit (Art. 140) werden die Miteigentümer eines Grundstücks für eine Person gezählt und die Besitzer von Lehen, Fideikommissen und von Familiengütern, die im Erbverbande stehen, den vollen Eigentümern gleichgeachtet.

2. Besteht bei den Miteigentümern eines Grundstücks eine Meinungsverschiedenheit, so ist die Zustimmung für gegeben zu erachten, wenn wenigstens die Hälfte, nach dem Teilnahmsverhältnisse berechnet, sich für das Unternehmen ausspricht.

3. Besteht über das Eigentum oder die Grenzen eines Grundstücks ein Rechtsstreit und können sich die Parteien über die Abgabe der Stimmen nicht einigen, so gilt zunächst der Besitzer als stimmberechtigt; ist auch der Besitz streitig, so ist die Zustimmung für gegeben zu erachten, wenn nur einer der streitenden Teile sich für das Unternehmen ausspricht.

Beitragsmaßstab.

Art. 142. Die Verteilung der Lasten der Genossenschaft auf ihre Mitglieder hat in Ermanglung gütlichen Übereinkommens der Beteiligten nach dem Maßstabe des Nutzens zu erfolgen, den die einzelnen Grundstücke aus dem Unternehmen ziehen.

Stimmenverhältnis.

Art. 143. Die Regelung des Stimmenverhältnisses der Genossen bemißt sich in Ansehung der Beschlußfassung über die Deckung der Genossenschaftslasten

a) bei Be- und Entwässerungsunternehmungen nach der Fläche der beteiligten Grundstücke,

b) bei anderen Wasserbenützungsanlagen nach dem Nutzen, der den beteiligten Grundstücken und Anlagen aus dem Unternehmen zugeht.

Hierbei darf kein Genosse mehr als zwei Fünfteile der Stimmen führen.

In sonstigen Angelegenheiten hat jeder Genosse eine Stimme.

Aufbringung der Anlagekosten.

Art. 144. Gegen den Widerspruch eines durch Zwang zur Teilnahme herangezogenen Grundeigentümers darf die Aufbringung des ihn an den Anlagekosten treffenden Anteils durch einmalige Beiträge nur dann erfolgen, wenn hierdurch der Nahrungsstand des Widersprechenden nicht gefährdet wird.

Nachträgliche Beiziehung.

Art. 145. 1. Die Aufsichtsbehörde ist befugt, auf Antrag des Genossenschaftsvorstandes Eigentümer von Grundstücken, die der Genossenschaft nicht angehören, jedoch an den Vorteilen des Unternehmens erweislich wesentlichen Anteil haben, zu der Genossenschaft beizuziehen.

2. Die Eigentümer der nachträglich beigezogenen Grundstücke können zu den bisherigen Aufwendungen für das Genossenschaftsunternehmen nach Maßgabe dieser Vorteile herangezogen werden.

b) Genossenschaften zur Instandhaltung von Gewässern. (Art. 110 Ziff. 2.)

Kreis der Genossen.

Art. 146. Die Genossenschaft wird gebildet aus den Beteiligten (Art. 88), auf die sich das Genossenschaftsunternehmen erstreckt.

Ausscheiden.

Art. 147. Die Genossenschaft ist verpflichtet, Genossen das Ausscheiden aus der Genossenschaft mit ihrem Grundstück oder ihrer Anlage auf deren Antrag zu gestatten, wenn die Voraussetzungen der Beteiligung (Art. 88) nicht mehr gegeben sind.

Nachträgliche Beiziehung.

Art. 148. Die nachträgliche Beiziehung dritter zur Genossenschaft ist von der Aufsichtsbehörde anzuordnen, wenn die gesetzlichen Voraussetzungen der Beteiligung erst nach der Bildung der Genossenschaft eingetreten oder festgestellt worden sind. Die Bestimmung des Art. 145 Abs. II findet entsprechende Anwendung.

Mehrheitsbeschluß. (Art. 111 Ziff. 2.)

Art. 149. 1. Zu einem Mehrheitsbeschluß im Sinne des Art. 111 Ziff. 2 ist erforderlich, daß mehr als die Hälfte der Beteiligten sich für das Unternehmen erklärt haben.

2. Die Vorschriften des Art. 141 und des Art. 143 Abs. II finden entsprechende Anwendung.

c) Genossenschaften zur Herstellung und Unterhaltung von Trink- und Nutzwasserleitungen. (Art. 110 Ziff. 3.)

Kreis der Genossen.

Art. 150. Die Genossenschaft wird gebildet aus den Eigentümern derjenigen Grundstücke, für welche die im Genossenschaftsunternehmen vorgesehene Wasserversorgungsanlage eingerichtet wird. Hierunter sind diejenigen Grundstücke nicht inbegriffen, welche nur den Zwecken der Fassung, Förderung, Sammlung und Leitung des Wassers dienen.

Art. 151. Ein Mehrheitsbeschluß im Sinne des Art. 111 Ziff. 2 liegt vor, wenn mehr als die Hälfte der Beteiligten sich für das Unternehmen erklärt haben, und wenn den Zustimmenden voraussichtlich der größere Teil des durch das Unternehmen zu erzielenden Nutzens zufließt.

Art. 152. Im übrigen finden die Bestimmungen des Art. 136 Abs. II, der Art. 137, 141, 142, des Art. 143 Abs. I lit. b, Abs. II und des Art. 144 entsprechende Anwendung.

Abteilung VI.

Zwangsrechte zur Förderung der Benützung und Instandhaltung der Gewässer.

Enteignung.

Art. 153. Außer in den Fällen des Art. I A Ziff. 4, 6 bis 10 und 13, des Art. I B des Gesetzes, betreffend die Zwangsabtretung von Grundeigentum für öffentliche Zwecke, vom 17. November 1837 und der Art. 4, 18, des Art. 31 Abs. II, Art. 43 Abs. III, Art. 60 Abs. II, Art. 81 Abs. II dieses Gesetzes kann Zwangsenteignung gefordert werden:

1. zur Ausführung von Instandhaltungsmaßnahmen (Art. 74) in den Fällen der Art. 91 bis 94, 98, 100 dieses Gesetzes;
2. zur Herstellung von Vorrichtungen und baulichen Anlagen an Privatflüssen und Bächen, die in öffentliche oder Privatflüsse einmünden, sofern solche Anlagen zur Herstellung oder Erhaltung des normalen Zustandes des Hauptflusses erforderlich sind;
3. für Unternehmungen des Staates zur Benützung von Gewässern, insbesondere zur Herstellung und Unterhaltung von Sammelbecken, Stau- und Triebwerksanlagen;
4. für genossenschaftliche Unternehmungen zur Benützung von Gewässern, insbesondere zur Herstellung und zur Unterhaltung von Bewässerungs- und Entwässerungsanlagen, Stau- und Triebwerksanlagen, Sammelbecken;
5. für Herstellung und Unterhaltung genossenschaftlicher Trink- und Nutzwasserleitungen;
6. zur Inanspruchnahme von Grund- und Quellwasser, das für öffentliche Zwecke, insbesondere zur Befriedigung eines unabweisbaren wirtschaftlichen Bedürfnisses einer Gemeinde oder einer Ortschaft notwendig ist.

Art. 154. Auf die Zwangsenteignung finden die Vorschriften des Gesetzes, betreffend die Zwangsabtretung von Grundeigentum für öffentliche Zwecke, vom 17. November 1837 und die Vorschriften der Art. 16 bis 26 des I. Abschnitts des Gesetzes vom 23. Februar 1879 zur Ausführung der Reichs-Zivilprozeßordnung und Konkursordnung in der Fassung der Bekanntmachung vom 26. Juni 1899 entsprechende Anwendung, soweit nicht in den Art. 155, 156 ein anderes bestimmt ist.

Art. 155. Der zur Enteignung Verpflichtete kann auf der Abtretung seines Eigentums an Stelle der in Anspruch genommenen Belastung mit einer Dienstbarkeit nur dann bestehen, wenn die Belastung zur Folge hätte, daß sein Eigentum nicht mehr zweckmäßig benützt werden kann.

Art. 156. 1. In den Fällen, in denen die Zwangsenteignung zulässig ist, muß auf Anordnung der Verwaltungsbehörde jeder Besitzer auf seinem Grund und Boden alle Handlungen, die zur Vorbereitung des Unternehmens erforderlich sind, gegen Entschädigung vornehmen lassen.

2. Auf Verlangen des Besitzers hat die Verwaltungsbehörde dem Unternehmer, sofern dieser nicht der Staat ist, die vorgängige Leistung einer entsprechenden Sicherheit aufzuerlegen.

Sonstige Zwangsrechte.

Art. 157. Das von den Berechtigten nicht benützte Wasser eines Privatflusses kann sowohl von den Ufereigentümern, welche nicht schon auf Grund des Art. 45 benützungsberechtigt sind, als auch von den Besitzern von Grundstücken, die nicht an dem Flusse liegen, gegen vorgängige volle Entschädigung in Anspruch genommen und ihnen durch die Verwaltungsbehörde zugewiesen werden,

1. wenn der beabsichtigte Gebrauch einen erheblichen Nutzen für die Landeskultur einschließlich der Teichwirtschaft oder für die Industrie mit hoher Wahrscheinlichkeit erwarten läßt, und

2. wenn der Berechtigte auf ergangene Aufforderung der Verwaltungsbehörde nicht innerhalb einer angemessenen Frist das Wasser selbst nutzbar verwendet oder besondere Umstände nachweist, die ihn an dieser Verwendung hindern.

Art. 158. 1. Der Ufereigentümer, der zur Benützung des ihm zustehenden Wassers eines Privatflusses oder Baches eine Stauanlage errichten will, ist befugt, gegen vorgängige volle Entschädigung von dem Eigentümer des gegenüberliegenden Ufers dessen Benützung und, soweit erforderlich, auch die Benützung des Flußbetts von dessen Eigentümer zum Anschlusse der Anlage in Anspruch zu nehmen.

2. Triebwerke, Gebäude und die dazu gehörenden Höfe und Gärten sind diesem Anspruche nicht unterworfen.

3. Der gleiche Anspruch steht demjenigen zu, welchem Wasser nach Maßgabe der Bestimmungen des Art. 157 zugewiesen worden ist.

Art. 159. 1. Der Eigentümer des für den Anschluß einer Stauanlage in Anspruch genommenen Ufers kann, soweit er Eigentümer des Flußbetts ist, die Mitbenützung der Stauanlage verlangen gegen Teilnahme an den Kosten der Errichtung und künftigen Unterhaltung der Anlage im Verhältnisse zur angesprochenen Wassermenge.

2. In diesem Falle ist von der nach Art. 158 geleisteten Entschädigung ein nach dem Verhältnisse der angesprochenen Wassermenge zu berechnender Betrag zurückzuerstatten.

3. Die Kosten der durch die Mitbenützung veranlaßten Abänderung der Stauanlage hat der die Mitbenützung ansprechende Ufereigentümer zu tragen.

4. Vorstehende Bestimmungen finden zu Gunsten desjenigen, welchem Wasser nach Maßgabe der Bestimmungen des Art. 157 zugewiesen worden ist, entsprechende Anwendung, sofern der Eigentümer des Ufers von der Mitbenützung der Stauanlage auf ergangene Aufforderung der Verwaltungsbehörde keinen Gebrauch macht.

Art. 160. Zum Zwecke der Bewässerung und Entwässerung, der Förderung der Teichwirtschaft sowie für Stau- und Triebwerksanlagen kann der Eigentümer eines fremden Grundstücks angehalten werden, die ober- und unterirdische Zu- und Ableitung des Wassers über das Grundstück zu dulden,

1. wenn die Anlage einem öffentlichen Bedürfnis entspricht, ferner wenn sie einen erheblichen Nutzen für die Landeskultur einschließlich der Teichwirtschaft oder für die Industrie mit hoher Wahrscheinlichkeit erwarten läßt,
2. wenn ohne die Inanspruchnahme des fremden Grundstücks die Anlage nicht in einer im Verhältnisse zum Nutzen und zur Bedeutung des Unternehmens stehenden Weise oder nicht ohne gleiche oder größere Belästigung anderer ausgeführt werden kann,
3. wenn die Anlage dem Besitzer des in Anspruch genommenen Grundstücks einen wesentlichen Nachteil bezüglich der besonderen Benützung des Grundstücks oder seines Wirtschaftsbetriebes überhaupt nicht verursacht,
4. wenn die Zuleitung oder Ableitung des Wassers nicht durch Gebäude oder einen Gebäudekomplex oder durch zum Umfange derselben gehörende Höfe oder Gärten geführt wird, und
5. wenn für die Belastung volle Entschädigung geleistet wird.

Art. 161. Der Eigentümer des niedriger liegenden Grundstücks ist verpflichtet, gegen volle Entschädigung den Abfluß des auf dem höher liegenden Grundstück entspringenden oder darauf sich natürlich sammelnden Wassers (Art. 17 Abs. I) in belästigender größerer als der natürlichen Stärke zu dulden.

Art. 162. 1. Kann die Benützung des Wassers eines öffentlichen Flusses für Zwecke der Schiff- und Floßfahrt oder die Benützung eines öffentlichen oder eines Privatflusses oder Baches für Zwecke der Landeskultur oder Industrie von dem Berechtigten am zweckmäßigsten nur durch Mitbenützung der Stauanlage oder der Wasserausleitungs- oder Wassereinleitungsanlage eines anderen ausgeübt werden, so kann der andere angehalten werden, dem Berechtigten die Mitbenützung unter der Bedingung zu gestatten, daß der Berechtigte an den Herstellungs- und Unterhaltungskosten der Anlage verhältnismäßig teilnimmt und den Besitzer der Anlage für die ihm durch die Zulassung der Mitbenützung etwa zugehenden Nachteile entschädigt.

2. Der Zwang findet nicht statt, wenn durch die Mitbenützung die Ausübung der dem Besitzer der Anlage zustehenden Wasserbenützung erheblich erschwert würde oder wenn die Nachteile, die voraussichtlich dem Besitzer der Anlage zugehen würden, erheblich größer sind als der durch den Zwang zu erzielende Nutzen.

Art. 163. Wenn bei einer den bestehenden Rechtsverhältnissen entsprechenden Stauanlage fremdes Eigentum durch das Wasser beschädigt wird, so hat der Besitzer der Stauanlage die Abminderung der festgesetzten Oberwasserhöhe gegen Entschädigung vorzunehmen oder zu dulden, sofern ihm selbst hierdurch nicht ein überwiegender Nachteil verursacht wird.

Art. 164. Wenn durch eine den bestehenden Rechtsverhältnissen entsprechende Stauanlage schädlicher Rückstau, Versumpfungen, Überschwemmungen oder andere Beschädigungen entstehen oder zu entstehen drohen und diese Übelstände durch Änderung der Stauanlage, ohne den bisherigen Betrieb derselben wesentlich zu schmälern, beseitigt werden können, so müssen die Eigentümer solcher Anlagen auf Anordnung der Verwaltungsbehörde die Abänderung gegen Entschädigung auf Kosten der Beschädigten entweder selbst vornehmen oder deren Vornahme dulden.

Art. 164a.[3]) 1. Wird durch die Ausübung gesetzlicher Befugnisse zu Gunsten eines Unternehmens, das die Erzeugung elektrischer Arbeit bezweckt, die Wassernutzung bestehender Triebwerke derart beschränkt, daß diese ihre Triebkraft ganz oder teilweise einbüßen, so kann die Verwaltungsbehörde den Unternehmer für berechtigt oder für verpflichtet erklären, dem Triebwerksbesitzer statt oder neben einer Geldentschädigung gleichwertigen Ersatz für die durch die bisher genutzte Triebkraft erzielte Arbeitsleistung durch Lieferung elektrischer Arbeit zu gewähren. Diese Erklärung soll in der Regel stattfinden, sofern nicht der Unternehmer und der Triebwerksbesitzer widersprechen oder sonst wichtige Gründe gegen eine solche Regelung vorliegen. Die Kosten der für diese Lieferung und für die Umstellung des Betriebs erforderlichen Einrichtungen hat der Unternehmer zu tragen.

2. Mangels Einigung zwischen dem Unternehmer und dem Triebwerksbesitzer hat die Verwaltungsbehörde nach Anhörung von Sachverständigen die Bedingungen für die Entschädigung durch elektrische Arbeit im einzelnen festzusetzen. Vor Erlassung dieses Beschlusses sind die Beteiligten zu dem Sachverständigengutachten zu hören; auf Antrag ist darüber mündlich zu verhandeln. Im dem Beschlusse kann dem Unternehmer die Befugnis zugesprochen werden, gegen Hinterlegung einer der Art und dem Umfang nach festzusetzenden Sicherheitsleistung die Umstellung des Betriebs zum Zwecke der Lieferung elektrischer Arbeit nach den festgesetzten Bedingungen alsbald vorzunehmen.

3. Gegen die Festsetzung der Bedingungen, unter denen die Entschädigung durch elektrische Arbeit zu erfolgen hat, steht die Betretung des Rechtsweges offen; die Anordnung der Verwaltungsbehörde, daß Entschädigung durch Lieferung elektrischer Arbeit zu leisten ist, unterliegt nicht der richterlichen Prüfung. Im übrigen gilt Art. 21 und Art. 23 des Gesetzes zur Ausführung der Reichs-Zivilprozeßordnung und Konkursordnung entsprechend.

4. Der Triebwerksbesitzer, zu dessen Gunsten der Unternehmer zur Lieferung von elektrischer Arbeit für berechtigt oder für verpflichtet erklärt wird, kann zur Sicherung dieser Lieferung verlangen, daß die Grundstücke des Unternehmers, auf denen sich die zur Erzeugung der elektrischen Arbeit dienenden Anlagen befinden, innerhalb der ersten zwei Dritteile des Wertes dieser Grundstücke mit

[3]) Eingefügt durch Ges. vom 30. Dezember 1922 (GVBl. 1923 S. 13).

einer Reallast belastet werden und daß der Beschluß der Verwaltungsbehörde erst nach Eintragung der Reallast in das Grundbuch in Wirksamkeit tritt.

Haftung der Entschädigungen.

Art. 165. 1. Die im Art. 7 Abs. II Satz 2, Art. 37 Abs. 5, Art. 45 Abs. II, Art. 47 Abs. II, Art. 69, Art. 79 Abs. III Satz 2, Art. 82, Art. 107 Abs. I Satz 2 und Abs. II, Art. 109 Abs. II, Art. 138 Abs. III, Art. 157, Art. 158 Abs. I und in den Artikeln 160 bis 164 bestimmten Entschädigungen haften, wenn der Gegenstand, wegen dessen die Entschädigung zu gewähren ist, einer Belastung mit einer Reallast, einer Hypothek, einer Grundschuld oder einer Rentenschuld unterworfen ist, für diese Rechte.

2. Die Entschädigung wird frei, wenn nicht der Berechtigte innerhalb der Frist von einem Monate Widerspruch gegen die Zahlung der Entschädigung an den zu Entschädigenden dem Zahlungspflichtigen gegenüber erhoben hat. Die Frist beginnt mit der Fälligkeit der Entschädigung, sofern aber der Berechtigte vor diesem Zeitpunkte bei dem Zahlungspflichtigen sein Recht angemeldet hat, erst, wenn der Zahlungspflichtige ihm den Eintritt der Entschädigungspflicht angezeigt hat. Die Anzeige darf unterbleiben, wenn sie untunlich ist.

3. Erhebt ein Berechtigter innerhalb der Frist Widerspruch gegen die Zahlung der Entschädigung an den zu Entschädigenden, so kann dieser und jeder Berechtigte die Eröffnung eines Verteilungsverfahrens nach für die Verteilung des Erlöses im Falle der Zwangsversteigerung geltenden Vorschriften beantragen. Die Zahlung hat in diesem Falle an das für das Verteilungsverfahren zuständige Gericht zu erfolgen.

Abteilung VII.

Zuständigkeit und Verfahren.

Abschnitt I.

Zuständigkeit.

Im allgemeinen.

Art. 166. 1. Der Vollzug des Gesetzes obliegt vorbehaltlich der Zuständigkeit der Gerichte den Behörden der inneren Verwaltung.

2. Die Zuständigkeit der Behörden der inneren Verwaltung wird durch Verordnung geregelt.

Bestimmung der zuständigen Behörde.

Art. 167. 1. Ist in derselben Sache die erstinstanzielle Zuständigkeit mehrerer Behörden begründet, so hat die zunächst vorgesetzte Behörde eine der Behörden mit der Sachbehandlung und Beschlußfassung zu beauftragen.

2. Dieser Auftrag hat, wenn die mehreren zuständigen Behörden verschiedenen Kreisregierungen untergeordnet sind, von dem vorgesetzten Staatsministerium auszugehen.

Abschnitt II.

Verfahren.

a) Allgemeine Bestimmungen.

Ermittlung des Sachverhalts.

Art. 168. 1. Bei allen Entscheidungen der Verwaltungsbehörden auf Grund dieses Gesetzes geschieht die Ermittlung des Sachverhalts von Amts wegen.

2. Die Beteiligten sind, soweit tunlich, zu hören. Mehreren im gleichen Interesse Beteiligten kann die Bestellung eines gemeinsamen Bevollmächtigten aufgetragen und, wenn dies nicht geschieht, ein solcher von Amts wegen aufgestellt werden.

3. Mit den Beteiligten ist in der Regel mündlich zu verhandeln. Mit der Verhandlung kann ein Augenschein verbunden werden. Bei der Verhandlung

können sich die Beteiligten durch Bevollmächtigte vertreten und durch Rechtsanwälte oder sachkundige Personen verbeistanden lassen.

4. Die Beteiligten sind befugt, Zeugen und Sachverständige in Vorschlag zu bringen. Die Auswahl und die Beeidigung der Zeugen und Sachverständigen erfolgt nach freiem Ermessen der Behörde.

5. Die Verwaltungsbehörde ist befugt, zur Verhandlung die ermittelten Beteiligten schriftlich, etwa sonstige Beteiligte durch Ausschreiben im Amtsblatt zu laden mit dem Beifügen, daß Einwendungen gegen das Unternehmen bei Vermeidung des Verlustes spätestens in der Verhandlungstagfahrt geltend zu machen sind.

Bescheid, Kosten.

Art. 169. 1. Dem Antragsteller und den Beteiligten, die Einsprüche erhoben haben, ist ein schriftlicher Bescheid zu erteilen. Der Bescheid ist zu begründen, wenn eine Erlaubnis oder Genehmigung versagt oder nur unter Bedingungen erteilt, ein Antrag zurückgewiesen oder ein erhobener Einspruch als unbegründet erklärt wird.

2. Mit der Entscheidung in der Hauptsache ist jene im Kostenpunkte zu verbinden. Die Kosten des Verfahrens hat der Antragsteller zu tragen. Die durch unbegründete Einwendungen veranlaßten besonderen Kosten können demjenigen auferlegt werden, welcher die Einwendungen erhoben hat.

Art. 170. Ist gegen ein Gesuch auf Grund bestehender Privatrechtsverhältnisse Einspruch erhoben worden, so kann die Verwaltungsbehörde entweder unter Vorbehalt der gesonderten Austraaung dieses Einspruchs den Bescheid erteilen oder das Verfahren bis zur Erledigung des Einspruchs aussetzen.

Sicherheitsleistung.

Art. 171. 1. Bei Erteilung einer Erlaubnis oder Genehmigung kann dem Antragsteller, soweit dies notwendig erscheint, die Leistung einer Sicherheit auferlegt werden. Die Art und den Umfang der Sicherheitsleistung bestimmt die Verwaltungsbehörde nach freiem Ermessen. Die Sicherheitsleistung haftet für die Erfüllung der Bedingungen und Auflagen, für die ordnungsmäßige Unterhaltung und für die Kosten einer allenfallsigen späteren Beseitigung der Anlage.

2. Ist der Grund für die Sicherheitsleistung weggefallen, so hat die Verwaltungsbehörde die Rückgabe der Sicherheit anzuordnen.

Bescheide.

Art. 172. 1. Gegen die Bescheide und Verfügungen der Distriktsverwaltungsbehörden und der Straßen- und Flußbauämter findet Beschwerde zur zuständigen Kreisregierung, Kammern des Innern, statt, die in zweiter und letzter Instanz entscheidet.

2. Gegen die erstinstanziellen Entscheidungen der Kreisregierungen, Kammern des Innern, ist Beschwerde zum vorgesetzten Staatsministerium zulässig.

Art. 173. Die Beschwerdefrist beträgt vierzehn Tage. Der Lauf der Frist beginnt mit dem Tage nach der Zustellung des Bescheids oder der Verfügung. Fällt das Ende der Frist auf einen Sonntag oder allgemeinen Feiertag, so endigt die Frist mit dem Ablaufe des nächstfolgenden Werktags. Die Beschwerdefrist ist gewahrt, wenn die Beschwerde innerhalb der Frist bei einer der Behörden des Instanzenzugs eingekommen ist.

Vollstreckung.

Art. 174. Die Verwaltungsbehörden sind befugt, die Nichtbefolgung ihrer Anordnungen und Beschlüsse mit Ordnungsstrafen bis zu einhundert Mark[2]) zu bedrohen und die angedrohte Strafe im Falle des Ungehorsams, und zwar nötigenfalls zu wiederholten Malen, für verwirkt zu erklären sowie die zum Vollzug erforderlichen Maßnahmen, insbesondere auch die Beseitigung gesetzwidriger Anlagen, auf Kosten der Pflichtigen ausführen zu lassen.

Vorsorgliche Anordnungen.

Art. 175. Aus Rücksichten des Gemeinwohls kann die zuständige Distriktsverwaltungsbehörde die dem augenblicklichen Erfordernis entsprechenden vorsorglichen Anordnungen treffen und ungeachtet erhobener Beschwerde sofort vollstrecken lassen.

Oberaufsichtsrecht der Staatsministerien.

Art. 176. Der Vollzug dieses Gesetzes durch die Behörden der inneren Verwaltung unterliegt der Oberaufsicht des vorgesetzten Staatsministeriums.

b) Verwaltungsrechtsverfahren.

Art. 177. Abgesehen von Art. 8 Ziff. 8 und Ziff. 10 des Gesetzes vom 8. August 1878, betreffend die Errichtung eines Verwaltungsgerichtshofes und das Verfahren in Verwaltungsrechtssachen, sind Verwaltungsrechtssachen:

a) der Streit darüber, ob ein Gewässer ein öffentliches ist,

b) Streitigkeiten über Rechtsansprüche und Verbindlichkeiten in den Fällen des Art. 7 Abs. III Satz 3, des Art. 19 Abs. I bis III, der Art. 25, 40, 45, 47, 49, des Art. 50 Ziff. 1 und 2, der Art. 51, 52, 53, 57, 59 bis 61, 63, 70, des Art. 79 Abs. III, der Art. 84, 88, 89, des Art. 94 Abs. I Satz 2, Abs. 2 Satz 1, des Art. 98 Abs. III, der Art. 100, 107, des Art. 112 Abs. III, im Falle des Art. 94 Abs. I Satz 2, des Art. 98 Abs. III, soweit die Beteiligung (Art. 88) bestritten wird, ferner in den Fällen der Art. 124 bis 126, 136 bis 139, 142, 145 bis 148, 150, 157 bis 164, jedoch mit der Maßgabe, daß die in den Art. 40, 45, 47, in dem Art. 79 Abs. III, in den Art. 107, 138, 139, 157 bis 164 vorgesehenen Entschädigungen in dem besonderen Verfahren des Art. 195 entschieden werden.

Art. 178. Die Vorschriften der Gewerbeordnung hinsichtlich der gewerblichen Stauanlagen werden auf Stauanlagen jeder Art erstreckt.

c) Verfahren bei Bildung von Genossenschaften.

Art. 179. 1. Der Antrag auf Bildung einer Genossenschaft ist bei der Distriktsverwaltungsbehörde, in deren Bezirke das beabsichtigte Unternehmen gelegen ist, mit den erforderlichen Belegen mündlich oder schriftlich anzubringen.

2. Die Behörde hat, soweit notwendig, die Ergänzung der Anträge und Vorlagen zu veranlassen.

Art. 180. Ergibt die Prüfung des Antrages dessen Unzulässigkeit, so ist der Antrag ohne weitere Verhandlung zurückzuweisen.

Vorbereitung der Verhandlungstagfahrt.

Art. 181. 1. Andernfalls ist in der Sache mündlich zu verhandeln. Zu diesem Zwecke hat die Verwaltungsbehörde an der Hand der Anträge und Vorlagen unter Mitwirkung der Messungsbehörden, Rentämter, Hypothekenämter und Grundbuchämter die Beteiligten festzustellen und die Pläne mit einer Beschreibung des Unternehmens bei Amt oder an einem anderen geeigneten Orte bis zur Verhandlungstagfahrt aufzulegen.

2. Hierzu sind die ermittelten Beteiligten schriftlich, etwa sonstige Beteiligte durch Ausschreiben im Amtsblatt mit dem Beifügen zu laden:

1. daß und wo die Pläne und Beschreibungen bis zur Tagfahrt zur Einsichtnahme aufliegen,
2. daß Widersprüche gegen den Beitritt und Einsprüche gegen das Unternehmen spätestens in der Verhandlungstagfahrt geltend zu machen sind,
3. daß die Antragsteller im Falle des Nichterscheinens oder der mangelnden Vertretung durch einen Bevollmächtigten die Erschienenen in Bezug auf Auslagen und Versäumnisse schadlos zu halten sowie die Kosten der vereitelten Tagfahrt zu tragen haben,
4. daß die übrigen Geladenen, die in der Tagfahrt weder in Person erscheinen noch durch einen Bevollmächtigten vertreten sind oder nicht abstim-

men, unter Ausschluß ihrer Widersprüche und Einsprüche, selbst wenn sie diese schon früher geltend gemacht haben, als dem beantragten Unternehmen in der durch die Mehrheit beschlossenen Gestalt zustimmend erachtet werden.

3. Zwischen der Tagfahrt und der Ausgabe des die Ladung enthaltenden Amtsblatts muß mindestens eine Frist von drei Wochen liegen.

4. Ist eine Zwangsabtretung beantragt, so findet die Vorschrift in Art. XVI des Gesetzes, betreffend die Zwangsabtretung von Grundeigentum für öffentliche Zwecke, vom 17. November 1837 Anwendung.

Tagfahrt.

Art. 182. 1. Bei der Tagfahrt, die erforderlichen Falles mit einer Ortsbesichtigung zu verbinden ist, hat die Behörde das gesamte Unternehmen zu erörtern, über erhobene Widersprüche gegen den Beitritt zur Genossenschaft sowie über die gegen das Unternehmen geltend gemachten Einsprüche, insbesondere auch über eine beantragte Zwangsenteignung zu verhandeln.

2. Neben den von der Behörde aufgestellten Sachverständigen können solche auch von den Beteiligten zur Tagfahrt mitgebracht werden. Letztere sind, soweit es die Klarstellung des Sachverhalts erfordert, ebenfalls einzuvernehmen.

3. Sodann sind die gesetzlichen Voraussetzungen für die Genossenschaftsbildung auf Grund des Verhandlungsergebnisses zu prüfen und hiernach die erforderlichen Abstimmungen zu veranlassen.

4. Die Verhandlungen und Erklärungen sind zu Protokoll zu nehmen. Zustimmende Erklärungen können nicht mehr zurückgenommen werden und sind auch für den Besitznachfolger bindend.

Art. 183. 1. Den Beteiligten, die bei der Tagfahrt weder erschienen noch vertreten waren, ist von dem Eintritte der in Art. 181 Abs. II Ziff. 3, 4 ausgesprochenen Folgen Eröffnung zu machen.

2. Binnen vierzehn Tagen nach der Eröffnung können sie bei der Verwaltungsbehörde Wiedereinsetzung verlangen, wenn sie nachweisen, daß sie ohne ihr Verschulden von der Tagfahrt keine Kenntnis erhielten oder am Erscheinen bei der Tagfahrt durch ein Naturereignis oder andere unabwendbare Zufälle gehindert waren.

Art. 184. Wird gegen den Beitritt zur Genossenschaft von keiner Seite ein Widerspruch erhoben, so sind die erschienenen Zustimmenden sofort zur Bildung der Genossenschaft und zur Beschlußfassung über die Satzung zu veranlassen. Bei der Feststellung der Satzung entscheidet die einfache Mehrheit der Abstimmenden. Hierauf ist die Wahl des Genossenschaftsvorstandes vorzunehmen und dieser auch über die vorliegenden Einsprüche dritter gegen das Unternehmen zu hören.

Art. 185. 1. Wird bei der Abstimmung gegen den Beitritt zur Genossenschaft ein Widerspruch erhoben und sind die Voraussetzungen für einen Mehrheitsbeschluß im Sinne der Art. 140, 149 und 151 gegeben, so ist gleichfalls nach Art. 184 zu verfahren.

2. Der von den erschienenen Zustimmenden gewählte Genossenschaftsvorstand ist sodann zur Erklärung sowohl über etwaige Einsprüche, als auch über die gegen den Beitritt zur Genossenschaft eingelegten Widersprüche, insbesondere zur Antragstellung hinsichtlich der zwangsweisen Beiziehung der Minderheit zu veranlassen.

3. Erweist sich die sofortige Bildung einer Genossenschaft als untunlich, so haben die Zustimmenden die Wahl eines oder mehrerer Bevollmächtigten vorzunehmen. Letzteren obliegt die Erklärungsabgabe und Antragstellung im Sinne des Abs. II sowie die fernere Vertretung der Zustimmenden im Streitverfahren bis zur Genossenschaftsbildung.

Ergänzung der Verhandlung.

Art. 186. 1. Wird infolge des Vorbringens der Beteiligten eine Ergänzung der Verhandlung (Einvernahme von Sachverständigen etc.) notwendig, so hat die Behörde die veranlaßten Anordnungen zu treffen und nötigenfalls mit den einschlägigen Beteiligten eine neuerliche Tagfahrt abzuhalten.

2. Diese Bestimmung findet auch Anwendung, wenn ein Beteiligter Wiedereinsetzung gegen die Folgen der Versäumung der Tagfahrt (Art. 183) erhalten hat.

Zwangsgenossenschaft.

Art. 187. Ergibt sich im Anschluß an die Tagfahrt, daß die Voraussetzungen für einen Mehrheitsbeschluß nicht gegeben sind, dagegen die Voraussetzungen für Bildung einer Zwangsgenossenschaft (Art. 103, 112 Abs. III) vorliegen, so hat die Behörde die Bildung einer solchen sofort einzuleiten und mit den Beteiligten hierüber sowie über etwaige neuerliche Einsprüche zu verhandeln.

Art. 188. 1. Erweist sich außerdem die Bildung einer Zwangsgenossenschaft als notwendig, so hat die Behörde die Aufstellung eines Projektes zu veranlassen.

2. Hinsichtlich der Auflage der Pläne und Beschreibung des Unternehmens, der Anberaumung einer Tagfahrt und der Ladung der Beteiligten findet der Art. 181, der Art. 182 Abs. I, II, IV und die Art. 183, 186 entsprechende Anwendung, Art. 181 mit der Maßgabe, daß in der Ladung als Rechtsnachteil für die Ungehorsamen lediglich der Ausschluß mit den erhobenen Widersprüchen oder Einsprüchen angedroht wird.

Entscheidung der Kreisregierung.

Art. 189. 1. Nach Bildung der Genossenschaft (Art. 184) oder nach Abschluß der Verhandlungen (Art. 185 bis 188) sind die Verhandlungen der Kreisregierung, Kammer des Innern, vorzulegen.

2. Letztere hat über die erhobenen Einsprüche und Widersprüche, insbesondere über die zwangsweise Beiziehung der Minderheit, über eine etwaige Zwangsenteignung, über beanspruchte Zwangsrechte (Art. 157 bis 164) sowie über die Zulässigkeit der Bildung einer Zwangsgenossenschaft Entscheidung zu treffen.

3. Gleichzeitig hat die Kreisregierung auch hinsichtlich der Zulässigkeit der für das Unternehmen erforderlichen Wasserbenützungs- und Instandhaltungsanlagen Bescheid zu erteilen. In dem Bescheid ist eine Frist zu bestimmen, binnen deren das Unternehmen ausgeführt werden muß. Wird die Frist nicht eingehalten, so kann die Kreisregierung die Genossenschaft als aufgelöst erklären. Bei Unternehmungen, die mit Stauanlagen verbunden sind, findet Art. 61 Anwendung.

4. Die Entscheidung erfolgt im verwaltungsrechtlichen Verfahren nach den Bestimmungen des Abschnittes II des Gesetzes über den Verwaltungsgerichtshof vom 8. August 1878. Gegen die Entscheidung ist Beschwerde an den Verwaltungsgerichtshof zulässig.

Prüfung und Genehmigung der Satzung.

Art. 190. 1. Die Prüfung und Genehmigung der Satzung (Art. 118) hat, soweit möglich, unabhängig von der Entscheidung nach Art. 189 unverzüglich zu erfolgen.

2. Ergeben sich bei der Prüfung der Satzung Beanstandungen, so sind sie der Genossenschaft zur Beseitigung der erhobenen Anstände mitzuteilen. Erfolgt diese nicht innerhalb einer bestimmten Frist, so setzt die Kreisregierung, Kammer des Innern, die Satzung fest.

Art. 191. In Ansehung des Zwangsenteignungsverfahrens treten an die Stelle der Bestimmungen der Art. XIII bis XV, XVII und XVIII des Gesetzes, betreffend die Zwangsabtretung von Grundeigentum für öffentliche Zwecke, vom 17. November 1837 die Bestimmungen der Art. 179 bis 194 dieses Gesetzes.

Konkurrierende Unternehmungen.

Art. 192. 1. Der Fortbestand bestehender Genossenschaftsanlagen darf durch ein späteres Genossenschaftsunternehmen nicht wesentlich beeinträchtigt werden.

2. Ist eine solche Beeinträchtigung durch das beabsichtigte Unternehmen erwiesen und deren Beseitigung im Ausgleichsverfahren (Art. 65 bis 72) oder auf andere Weise nicht zu ermöglichen, so ist der Antrag auf Bildung der neuen Genossenschaft ohne weitere Verhandlung zurückzuweisen.

3. Kann dagegen hiernach das neue Unternehmen ohne Beeinträchtigung der bestehenden Genossenschaft ausgeführt werden, so ist nach Art. 179 bis 194 zu verfahren.

Art. 193. 1. Bei dem Vorliegen mehrerer nicht gleichzeitig durchführbarer Anträge auf Bildung von Genossenschaften hat die Verwaltungsbehörde vom Standpunkte des Gemeinwohls die Auswahl unter diesen Anträgen zu treffen.

2. In dem weiteren Verfahren sind die nichtberücksichtigten Antragsteller als Beteiligte zu behandeln.

Kosten.

Art. 194. 1. Das gesamte Verfahren (Art. 179 ff.) ist in erster Instanz einschließlich des Verfahrens vor der Distriktsverwaltungsbehörde gebührenfrei.

2. Die Kosten, die auf Abordnung von Kommissären zu Ortsbesichtigungen und Tagfahrten erwachsen, werden von der Staatskasse übernommen. Die Übernahme tritt nicht ein, wenn die Ortsbesichtigung oder die Tagfahrt durch das Ausbleiben des Antragstellers (Art. 181 Abs. II Ziff. 3) vereitelt worden ist.

3. Alle sonstigen Kosten sind von der Genossenschaft und, sofern letztere noch nicht gebildet ist, von den Antragstellern zu tragen.

d) Entschädigungsverfahren.

Art. 195. 1. In den Fällen des Art. 4 Abs. III, des Art. 5 Abs. III, IV des Art. 7 Abs. II Satz 2, des Art. 9 Satz 2, des Art. 17 Abs. III, des Art. 18 Satz 3, des Art. 20 Abs. III, des Art. 28 Abs. I Satz 2 und Abs. II, des Art. 35 Abs. I, des Art. 37 Abs. V, des Art. 40 Abs. II Satz 2, des Art. 43 Abs. IV, des Art. 45 Abs. II, des Art. 47 Abs. II, des Art. 69, des Art. 71 Abs. II, des Art. 79 Abs. III, des Art. 80 Abs. II, III, des Art. 82 Satz 2, des Art. 107 Abs. I Satz 2 und Abs. II, des Art. 109 Abs. II, des Art. 138 Abs. II, III, des Art. 139 Abs. III und der Art. 156 bis 164a hat auf Antrag eines Beteiligten die Feststellung der Entschädigung im Wege der Schätzung durch die zuständige Distriktsverwaltungsbehörde zu erfolgen, in dem Falle des Art. 164a nur soweit, als eine Geldentschädigung in Betracht kommt.

2. Die Bestimmungen des Art. 17 Abs. I Satz 2, 3 der Art. 18 bis 20, des Art. 21 Abs. I, III und des Art. 26 des ersten Abschnittes des Gesetzes vom 23. Februar 1879 zur Ausführung der Reichs-Zivilprozeßordnung und Konkursordnung in der Fassung der Bekanntmachung vom 26. Juni 1899 finden entsprechende Anwendung.

3. Die Kosten des Verwaltungsverfahrens sowie die Vergütung der den Beteiligten hierdurch verursachten notwendigen Auslagen fallen vorbehaltlich der Vorschrift in Art. 169 Abs. II Satz 3 dem Entschädigungspflichtigen zur Last. Das Verwaltungsverfahren ist gebührenfrei.

Abteilung VIII.

Wasserbücher.

Art. 196. Bei jeder Distriktsverwaltungsbehörde ist über die Stauanlagen und Triebwerke mit gespannter Wasserkraft an öffentlichen und Privatgewässern, dann über die Anlagen zur Zuführung von Flüssigkeiten in solche Gewässer, ferner über Bewässerungs- und Entwässerungsanlagen, soweit die sämtlichen bezeichneten Anlagen mit Erlaubnis oder Genehmigung der Behörde errichtet sind, ein Wasserbuch zu führen. Das Wasserbuch soll über die hinsichtlich dieser Anlagen bestehenden Rechtsverhältnisse die erforderlichen Aufschlüsse enthalten.

Art. 197. In das Wasserbuch sind von Amts wegen einzutragen:

1. alle Anlagen der im Art. 196 bezeichneten Art, die nach dem Inkrafttreten dieses Gesetzes neu errichtet werden;
2. alle zur Zeit des Inkrafttretens dieses Gesetzes schon bestehenden Anlagen der im Art. 196 bezeichneten Art, sobald an ihnen Änderungen oder Auswechslungen mit behördlicher Erlaubnis oder Genehmigung erfolgen oder sobald bei ihnen ein bleibendes Höhenmaß aufgestellt wird (Art. 53).

3. alle mit behördlicher Erlaubnis oder Genehmigung erfolgenden Änderungen an bereits im Wasserbuch eingetragenen Anlagen der im Art. 196 bezeichneten Art.

Solche Eintragungen erfolgen gebührenfrei.

Art. 198. 1. Auf Antrag eines Berechtigten sind in das Wasserbuch auch zur Zeit des Inkrafttretens dieses Gesetzes schon bestehende Anlagen der im Art. 196 bezeichneten Art einzutragen, bei denen der im Art. 197 Abs. I Ziff. 2 vorgesehene Anlaß zur Eintragung von Amts wegen noch nicht eingetreten ist.

2. Zu diesem Zwecke hat der Antragsteller der Behörde die zum Nachweise seiner Berechtigung dienenden Belege vorzulegen.

3. Erachtet die Behörde, soweit erforderlich nach Einvernahme der ihr bekannten Beteiligten, den Nachweis für zweifellos erbracht, so hat sie die Eintragung vorzunehmen. Andernfalls ist der Antrag durch Veröffentlichung geeignet bekannt zu machen. In der Bekanntmachung ist darauf hinzuweisen, daß Einwendungen gegen den Bestand des angemeldeten Rechtes binnen einer angemessenen Frist bei der Verwaltungsbehörde anzubringen sind, und daß die Eintragung, sofern innerhalb der Frist Einwendungen nicht einkommen, antragsgemäß erfolgen wird. Von der Bekanntmachung sind die der Behörde bekannten Beteiligten besonders zu verständigen.

4. Werden Einwendungen geltend gemacht, so hat die Eintragung zu unterbleiben.

5. Die Kosten des Verfahrens fallen dem Antragsteller zur Last.

Art. 199. Die näheren Bestimmungen über die Einrichtung und die Fortführung der Wasserbücher werden durch Ministerialvorschrift getroffen.

Art. 200. Die Einsicht in die Wasserbücher und deren Beilagen steht jedem frei, der ein berechtigtes Interesse darlegt. Unter der gleichen Voraussetzung kann auch gegen die Entrichtung der vorschriftsmäßigen Gebühr die Erteilung von einfachen oder beglaubigten Auszügen und Abschriften aus dem Wasserbuch und seinen Beilagen gefordert werden.

Abteilung IX.

Wasserschau.

Art. 201. 1. Zur Handhabung der Aufsicht über die Benützung und Instandhaltung der Gewässer werden regelmäßig wiederkehrende technische Besichtigungen an den Gewässern vorgenommen.

2. Die Beteiligten sind verpflichtet, den mit der Wasserschau Beauftragten die Besichtigung der Anlagen und Grundstücke zu gestatten und die dem Zwecke der Wasserschau dienlichen Auskünfte zu erteilen.

3. Die näheren Bestimmungen über die Art der Vornahme der Wasserschau werden durch Ministerialvorschrift getroffen.

Abteilung X.

Strafbestimmungen.

Art. 202. An Geld bis zu dreihundert Mark[4]) oder mit Haft wird bestraft:

1. wer den Vorschriften der Art. 37, 38, 39 und 40 zuwiderhandelt;
2. wer außer den Fällen der §§ 16 und 147 Ziff. 2 der Gewerbeordnung eine Anlage, zu deren Errichtung, Abänderung oder Beseitigung gemäß Art. 42, 50, 52, 57, 76 Abs. II, 77 und 78 dieses Gesetzes eine Erlaubnis oder Genehmigung erforderlich ist, ohne eine solche errichtet, abändert, beseitigt oder die darin festgesetzten Bedingungen nicht einhält,

---

[4]) Jetzt 3—10000 RM gemäß Art. I und VIII der VO. über Vermögensstrafen und Bußen v. 6. Februar 1924 (RGBl. I S. 44) und § 2 der zweiten VO. zur Durchführung des Münzgesetzes v. 12. Dezember 1924 (RGBl. I S. 775).

3. wer die von der Verwaltungsbehörde zur Bestimmung der Uferlinie angebrachten Zeichen (Art. 6) oder ein nach Art. 53 aufgestelltes Höhenmaß oder die nach Art. 5 eingebauten Fixpunkte und aufgestellten Flußeinteilungszeichen absichtlich entfernt, abändert oder beschädigt,
4. wer den Vorschriften der Art. 85 und 86 zuwiderhandelt.

Art. 203. An Geld bis zu einhundertfünfzig Mark[5]) oder mit Haft bis zu drei Wochen wird bestraft:

1. wer einer nach Art. 49 verfügten Beschränkung zuwiderhandelt,
2. wer ohne die nach Art. 19 vorgeschriebene Erlaubnis Grund- und Quellwasser zutage fördert oder ableitet oder Änderungen am Abfluß eines Sees oder Weihers vornimmt,
3. wer ohne die nach Art. 20 vorgeschriebene Erlaubnis Grab- oder Bohrarbeiten auf Grundstücken im Bereich öffentlich benützter Heilquellen vornimmt oder die in der Erlaubnis festgesetzten Bedingungen oder Beschränkungen nicht einhält oder wer der nach Art. 20 Abs. III erlassenen Verfügung der Verwaltungsbehörde nicht nachkommt,
4. wer ohne die nach Art. 30 vorgeschriebene Erlaubnis oder der erteilten Erlaubnis zuwider die im Staatseigentum stehenden Seen mit Dampfschiffen oder sonstigen durch eigene Triebkraft bewegten Schiffen befährt,
5. wer den Vorschriften des Art. 45 Abs. I, des Art. 47 Abs. I, einer nach Art. 45 Abs. II oder Art. 47 Abs. II erteilten Ermächtigung oder den im Ausgleichsverfahren gemäß Art. 65, 66 und 67 Abs. II getroffenen Anordnungen der Behörde zuwiderhandelt,
6. wer ungeachtet einer von der Verwaltungsbehörde an ihn ergangenen Aufforderung die ihm nach Maßgabe der erteilten Erlaubnis obliegende Unterhaltung einer Wasserbenützungsanlage (Art. 59) unterläßt,
7. wer den Vorschriften des Art. 55 zuwiderhandelt,
8. wer unbefugt die Perlfischerei ausübt oder den zu ihrem Schutze erlassenen Vorschriften zuwiderhandelt.

Art. 204. An Geld bis zu fünfzig Mark[5]) oder mit Haft bis zu acht Tagen wird bestraft:

1. wer den Vorschriften des Art. 17 Abs. I, II zuwiderhandelt,
2. wer den durch Art. 48 Abs. II und Art. 130 vorgeschriebenen Verpflichtungen nicht nachkommt,
3. wer ohne die nach Art. 26 Abs. II erforderliche Erlaubnis oder der erteilten Erlaubnis zuwider Eis, Sand, Kies, Steine, Schlamm, Erde und Pflanzen aus dem Flußbett öffentlicher Gewässer oder der im Eigentum des Staates stehenden Privatflüsse und Bäche entnimmt oder in solchen die Goldwäscherei ausübt.

Art. 205. Wird auf Grund der Art. 202 bis 204 auf Strafe erkannt, so ist die Verwaltungsbehörde zu ermächtigen, auf Kosten des Verurteilten einen ordnungswidrigen Betrieb einzustellen und die Beseitigung eines ordnungswidrigen Zustandes sowie die Herstellung eines den gesetzlichen Vorschriften oder den gesetzlichen Bedingungen und Auflagen entsprechenden Zustandes herbeizuführen.

Art. 206. 1. Übertretungen von Schiffahrts- oder Flußordnungen werden an Geld bis zu einhundertfünfzig Mark[5]) oder mit Haft bis zu vier Wochen bestraft.

2. Soweit zum Vollzug einzelner Bestimmungen des Gesetzes oberpolizeiliche oder distriktspolizeiliche Vorschriften oder Anordnungen der Verwaltungsbehörden erlassen werden, wird deren Übertretung an Geld bis zu hundert Mark[5]) oder mit Haft bis zu vierzehn Tagen, soweit ortspolizeiliche Vorschriften und Anordnungen erlassen werden, wird deren Übertretung an Geld bis zu zwanzig Mark[5]) oder mit Haft bis zu drei Tagen bestraft.

---

[5]) Jetzt 1—150 RM; vgl. Fußnote 4 und Art. XIV Abs. III der VermStr.-VO. vom 6. Februar 1924.

Abteilung XI.

Schlußbestimmungen.

Art. 207. Die beim Inkrafttreten dieses Gesetzes bestehenden, auf Privatrechtstiteln beruhenden Eigentums-, Nutzungs- und sonstigen Rechte an den Gewässern bleiben aufrecht erhalten.

Art. 208.[*]) 1. Die auf Grund des Gesetzes über die Bewässerungs- und Entwässerungsunternehmungen zum Zwecke der Bodenkultur und des Gesetzes über den Uferschutz und den Schutz gegen Überschwemmungen gebildeten Genossenschaften sind verpflichtet, binnen einer Frist von zwei Jahren ihre Satzungen den Bestimmungen dieses Gesetzes anzupassen. Die abgeänderte Satzung bedarf der Genehmigung der Kreisregierung, Kammer des Innern. Unterläßt die Genossenschaft innerhalb der Frist ihre Satzungen den Bestimmungen dieses Gesetzes anzupassen, so wird die erforderliche Abänderung der Satzung durch die Kreisregierung, Kammer des Innern, von Aufsichts wegen vorgenommen.

2. Mit der Genehmigung oder der Vornahme der Abänderung durch die Kreisregierung finden auf diese Genossenschaften die Bestimmungen der Abteilung V dieses Gesetzes entsprechende Anwendung.

Art. 209. Auf die bei dem Inkrafttreten dieses Gesetzes vor den Verwaltungsbehörden anhängigen Sachen finden die Bestimmungen dieses Gesetzes, hinsichtlich der Zuständigkeit, des Verfahrens und der Zulässigkeit der Rechtsmittel Anwendung, sofern nicht zu diesem Zeitpunkte schon ein Bescheid erlassen war.

Art. 210. 1. Die Rechte und Verpflichtungen, welche dieses Gesetz hinsichtlich der Eigentümer von Grundstücken, Triebwerken und anderen Anlagen festsetzt, gelten auch für Personen, die solchen als Lehen- oder Fideikommißbesitzer oder vermöge eines nutzbaren dinglichen Rechtes besitzen.

2. Für die Rechtsverhältnisse und Ansprüche zwischen diesen Besitzern und Eigentümern sind die Bestimmungen des bürgerlichen Rechtes maßgebend.

Aufhebung älterer Gesetze.

Art. 211. Mit dem Inkrafttreten dieses Gesetzes treten die bisher in Geltung gewesenen wasserrechtlichen Vorschriften, soweit sie einen Gegenstand betreffen, der in diesem Gesetze geregelt ist, insbesondere:

1. das Gesetz über die Benützung des Wassers,
1. das Gesetz über die Bewässerungs- und Entwässerungsunternehmungen zum Zwecke der Bodenkultur,
3. das Gesetz über den Uferschutz und den Schutz gegen Überschwemmungen, sämtliche vom 28. Mai 1852,
4. das Gesetz vom 15. April 1875, betreffend die Bestimmungen des Art. 89 des Gesetzes vom 28. Mai 1852 über die Benützung des Wassers,
5. Art. 8 Ziff. 14 und 15 des Gesetzes, betreffend die Errichtung eines Verwaltungsgerichtshofes etc., vom 8. August 1878,

außer Kraft.

Art. 212. Die Bestimmungen der Staatsverträge über die Benützung, die Instandhaltung und die Beaufsichtigung der Flüsse und Bäche an der Landesgrenze sowie die internationalen Schiffahrtsverträge bleiben unberührt.

Art. 213. Wo in anderen Gesetzen auf Bestimmungen der im Art. 211 Ziff. 1 bis 5 angeführten Gesetze Bezug genommen ist, treten an deren Stelle die entsprechenden Bestimmungen dieses Gesetzes.

Art. 214. Dieses Gesetz tritt am 1. Januar 1908 in Wirksamkeit.

---

[*]) Vgl. ME. vom 22. November 1923 über die Einführung des bayerischen Rechts in Coburg (GVBl. S. 387).

b) Verordnung über den Vollzug des Wassergesetzes vom 1. Dezember 1907.

(GVBl. S. 873.)[1])

Luitpold, von Gottes Gnaden Königlicher Prinz von Bayern, Regent usw.

Wir finden U n s bewogen auf Grund des Art. 30 Abs. 2 und des Art. 166 Abs. 2 des Wassergesetzes für das Königreich Bayern vom 23. März 1907 zu verordnen, was folgt:

§ 1.[2]) Die Erlaubnis zum Befahren der im Staatseigentum stehenden Seen mit Dampfschiffen oder mit sonstigen durch eigene Triebkraft bewegten Schiffen (Art. 30) wird, soferne das Befahren zum Zwecke des öffentlichen Verkehrs geschieht, durch das Staatsministerium des Innern, soferne das Befahren für andere Zwecke geschieht, durch die Bezirksverwaltungsbehörden erteilt.

Staatsministerien.

§ 2. Die im Gesetze der Staatsregierung vorbehaltenen Befugnisse werden durch das Staatsministerium des Innern ausgeübt; ihm steht auch die Oberaufsicht über den Vollzug des Gesetzes durch die Behörden der inneren Verwaltung zu. Bei Ausübung dieser Befugnisse obliegt dem Staatsministerium des Innern das Benehmen mit den übrigen Staatsministerien nach Maßgabe ihres verordnungsmäßigen Wirkungskreises.

Kreisregierungen.

§ 3. Die zur Errichtung oder Abänderung von Brücken, feststehenden Stegen und Überfahrtsanstalten über öffentliche Gewässer und über Privatflüsse und Bäche im Eigentum des Staates (Art. 23), ferner von Überführungen über und Unterführungen durch öffentliche Gewässer erforderliche Erlaubnis (Art. 78 Abs. I) wird durch die Kreisregierungen, Kammern des Innern, erteilt.

Diese sind auch zuständig zur Erlassung der Anordnungen nach Art. 78 Abs. II und Art. 79 Abs. II und III, in den beiden letztgenannten Fällen, sofern die Erlaubnis durch die Kreisregierung, Kammer des Innern, erteilt war.

Straßen- und Flußbauämter. Sektionen für Wildbachverbauungen, Forstämter.

§ 4. Die nach Art. 26 Abs. II Satz 1 des Gesetzes erforderliche Erlaubnis wird durch das Straßen- und Flußbauamt und, soweit das Flußbett zu dem der Forstverwaltung unterstehenden Staatsgut gehört, durch das Forstamt erteilt.

Zur Festsetzung des Normalprofils für Nieder-, Mittel- und Hochwasser sowie der dazu gehörigen Normallinien (Art. 75) bei öffentlichen Flüssen ist das Straßen- und Flußbauamt zuständig.

Die Obliegenheiten der Behörden der Staatsbauverwaltung bei der Ausführung und Überwachung der zur Instandhaltung der öffentlichen Flüsse erforderlichen Maßnahmen (Art. 95) werden durch die Straßen- und Flußbauämter, die Obliegenheiten der Staatsbaubehörden bei Beaufsichtigung der Privatflüsse und Bäche mit erheblicher Hochwassergefahr (Art. 99) werden durch die Straßen- und Flußbauämter oder durch die Sektionen für Wildbachverbauungen wahrgenommen. Das Staatsministerium des Innern bestimmt die Privatflüsse und Bäche mit erheblicher Hochwassergefahr oder deren Teile, in Ansehung welcher die Beaufsichtigung den Straßen- und Flußbauämtern oder den Sektionen für Wildbachverbauungen zustehen soll.

---

[1]) Geändert durch VO. vom 12. April 1924 (GVBl. S. 142) und durch VO. vom 25. Juni 1926 (GVBl. S. 330).

[2]) In der Fassung der VO. vom 12. April 1924 (GVBl. S. 142).

Distriktsverwaltungsbehörde.

§ 5. Im übrigen werden die im Gesetze den Verwaltungsbehörden eingeräumten Befugnisse durch die Distriktsverwaltungsbehörden, in München durch den Stadtmagistrat, ausgeübt.

Diesen Behörden obliegt auch, soweit nicht im Gesetze oder in dieser Verordnung ein anderes bestimmt ist, der Vollzug des Gesetzes in erster Instanz.

Mitwirkende Behörden.

§ 6. Die Straßen- und Flußbauämter, die Sektionen für Wildbachverbauungen, sowie die amtlichen Kulturingenieure haben bei der Handhabung der den Distriktsverwaltungsbehörden im Gesetz übertragenen Aufsicht über die Privatflüsse mitwirken. Über die Art und Weise der Mitwirkung haben die zum Vollzuge des Gesetzes zu erlassenden Ministerialvorschriften die erforderlichen Bestimmungen zu treffen.

Polizeiliche Vorschriften.[3])

§ 7. Die Schiffahrts-, Floß- und Kanalordnungen (Art. 29 Abs. I und II, Art. 30 Abs. I Satz 3) werden im Wege oberpolizeilicher Vorschriften erlassen; soweit die Staatsministerien solche Ordnungen erlassen, richtet sich ihre Zuständigkeit nach den jeweils geltenden Vorschriften über die Bildung der Ministerien.

Hinsichtlich der Kanalordnung an den bestehenden Kanälen verbleibt es bei der bisherigen Zuständigkeit.

Zur Erlassung von Triftordnungen (Art. 32) und von Vorschriften über die Ausübung der Perlfischerei (Art. 26 Abs. III) sind die Kreisregierungen zuständig.

Diese sind auch befugt, oberpolizeiliche Vorschriften zur Verhütung der Beschädigung von Uferschutz-, Regulierungs- und Dammbauten, dann von Wildbachverbauungen (Art. 87) zu erlassen.

§ 8.[3]) Die zur Regelung oder Beschränkung des Gemeingebrauchs nach Art. 26 Abs. I Satz 2 erforderlichen polizeilichen Vorschriften werden als ober- oder bezirkspolizeiliche Vorschriften, für Privatflüsse und Bäche auch als ortspolizeiliche Vorschriften erlassen.

§ 9. Die Verordnung tritt gleichzeitig mit dem Wassergesetz vom 23. März 1907 am 1. Januar 1908 in Kraft.

---

[3]) In der Fassung der VO. vom 25. Juni 1926 (GVBl. S. 336).

FSC
www.fsc.org
MIX
Papier | Fördert gute Waldnutzung
FSC® C083411

Kolibri 360 GmbH
Ferdinand-Jühlke-Straße 7
99095 Erfurt, Deutschland
produktsicherheit@kolibri360.de